HAMBURG

Die „Passat" im Kuhwerder Hafen

Kurt Gerdau

PASSAT

Gewidmet meinen Kindern
Katja, Thomas, Gaby und Jan sowie
meinen Enkelkindern
Timo, Ole, Jonas, Marike und Johanne

Kurt Gerdau

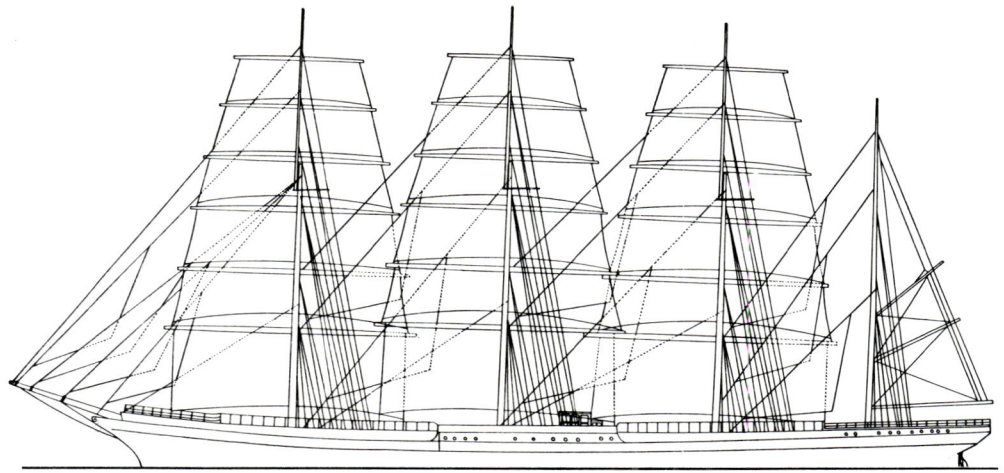

PASSAT
Legende eines Windjammers

Koehlers Verlagsgesellschaft mbH
Herford

Schutzumschlag

»*Passat* in rauher See, 1925«, Museum für Hamburgische Geschichte, Hamburg

Vorsätze

vorn: Die *Passat* im Kuhwerder Hafen. Sammlung Lachmund
hinten: Die *Passat* über die Toppen geschmückt in Travemünde. Foto Reinhard Nerlich, Hamburg

Fotos

Reinhard Nerlich (10); Blohm & Voß (1); Meyer-Pfund (4); Braun (2); Skyfoto (2); Foto Piez (1); Sammlung Dr. Jürgen Meyer (2); Herbert Scheuffler (5); Rudolf Wittenhagen (10); Nicolaus Freund (3); Hans-Joachim Gersdorf (12); Kurt Gerdau (15)

Zeichnungen

Ulla Helfer (1); Hans Wrage (5)

Die Arbeit ist getan. Ich bedanke mich bei allen Freunden und Bekannten, die mir in selbstloser Weise geholfen haben, dieses Buch zu machen. Ganz besonders aber gilt das für Hans-Joachim Gersdorf, Reinhard Nerlich, Rudolf Wittenhagen und die Kapitäne aus alten Windjammertagen Nicolaus Freund und Herbert Scheuffler.

Die Deutsche Bibliothek — CIP-Einheitsaufnahme

Gerdau, Kurt:
Passat: Legende eines Windjammers / Kurt Gerdau. —
Herford: Koehler, 1991
  ISBN 3-7822-0535-9

ISBN 3 7822 0535 9; Warengruppe Nr. 41

© 1991 by Koehlers Verlagsgesellschaft mbH, Herford
Alle Rechte, insbesondere das der Übersetzung, vorbehalten
Schutzumschlaggestaltung: Regina Meinecke, Hamburg, unter
Verwendung einer Reproduktion des o.g. Gemäldes
Produktion: Christine Detring
Gesamtherstellung: Druckerei Günter Runge, Cloppenburg
Printed in Germany

Inhaltsverzeichnis

Am Priwall in Travemünde hat die zum Denkmal gewordene Viermastbark »Passat« ihren Ruheplatz gefunden.

Statt eines Vorwortes

»Reis' aus Quartier, du Seemannskind!
Wi hebbt slecht Wedder, un dat geiht bi de Wind.
Reis' aus Quartier, een Glas het't slaghn,
de Rorersmann will verfangen warn.
De Utkiek will nich länger stahn.
Reis' aus Quartier in Gottes Nam!«

An die Zeit der finnischen Windjammer erinnert die 1903 in Glasgow gebaute Viermastbark »Pommern« im Hafen von Marienhamn.

Vom Ein-Reise-Schiff zur segelnden Perfektion:
die Viermastbark

Handel und Wandel der Schiffahrt zur Zeit der Hanse befanden sich im Einklang, die Städte und Gemeinden blühten auf. Mit der Gründung des deutschen Lübeck begann auch der Bau deutscher Schiffe. An Stelle des offenen Wikinger-Ruderbootes trat nun das gedeckte, hochbordige Segelschiff, die Kogge. Erst mit ihr konnten Warenlasten in nennenswertem Umfange über eine weite Seestrecke transportiert werden. Schiffahrt zu betreiben, bot große Gewinne, war immer aber auch ein Glücksspiel. Hinzu kam, daß die Lebensdauer der zusammengezimmerten Schiffe der damaligen Generation allgemein gering war. Entsprechend hoch mußte der Gewinn sein, den eine Kogge auf einer Fahrt erzielte. Es wird zwar nicht die Regel gewesen sein, sicher aber auch nicht die Ausnahme, daß ein lübischer Baienfahrer 1449 auf einer Reise mehr Geld verdiente, als er für den Bau des Schiffes bezahlt hatte.

Die ungewöhnliche Geschichte der Viermastbarken begann 1823 in Kanada auf einer bei Quebec gelegenen Werft, als ein dickbauchiges, unförmiges Segelschiff im schon beladenen Zustand vom Stapel lief. Das allein war ungewöhnlich genug, um allgemeines Aufsehen zu erregen. Weil der Schiffbauer Charles Wood Angst hatte, seine primitiv getakelte Viermastbark könnte bereits beim Stapellauf auseinanderbrechen, hatte er sie während des Baues mit wertvollem Schiffbauholz beladen, außerdem sparte diese Methode Zeit, und das Material blieb trocken. Die wertvolle Ladung war für die Werften auf dem Alten Kontinent bestimmt. Im fernen Europa mangelte es an geeignetem Material, die Rohstoff liefernden Wälder waren so gut wie leergeholzt.

Das Fahrzeug während des Baus zu beladen, hatte den Vorteil, daß es kaum tote Räume gab. Darum glaubte Wood, er könnte auf das Kalfatern des Rumpfes überhaupt verzichten. Unterge-

Das Schwesterschiff, die »Peking«, liegt im Hafen von New York.

hen konnte dieses schwimmende Monstrum theoretisch betrachtet nicht, und weil es am Zielort in England sowieso abgebrochen werden sollte, hielt er jeden Aufwand für Luxus. Charles Wood hatte bewußt das erste Wegwerfschiff konstruiert, immerhin war es recyclebar. Der eigenwillige Schiffbauer, dem ein trockener Humor nachgesagt wurde, taufte das seltsame Fahrzeug auf den Namen *Columbus*. Was außer ihm so keiner hatte glauben wollen, die erste Viermastbark kam wohlbehalten in England an. Gewiß mußte die Crew so manche Stunde an den Pumpen verbringen, ansonsten hatte sie wenig Arbeit mit den Segeln. Das füllig, fast ohne Sprung gebaute Schiff war alles andere als ein Schnellsegler, aber mit seinen 3 700 Ladetonnen ein Gigant auf dem Atlantik.

Weil die Reise viel problemloser verlaufen war als befürchtet und die Schotten nicht ganz zu Unrecht als sehr sparsame Menschen gelten, schickten die Glasgower Handelsherren die *Columbus* nach Löschen der Ladung zurück nach Kanada. Sie sollte eine weitere Holzladung befördern, doch die in Ballast

segelnde Viermastbark brach im Sturm nahe der irischen Küste auseinander. Charles Wood soll sich darüber nicht gewundert haben.

Die nächste Viermastbark war das Gegenstück zur *Columbus*. Kein anderer als der berühmte Schiffbauer McKay hatte 1853 die *Great Republic* gezeichnet und gebaut. Ein wunderbares Schiff mit eleganter Linienführung. Unter den 5 000 geladenen Gästen befand sich auch ein gutgekleideter, ansonsten nicht auffallender Herr aus Hamburg: Ferdinand Laeisz. Machte die lahme *Columbus* wenigstens eine Reise, so kam die *Great Republic* nicht über New York hinaus. Sie ging in Flammen auf, noch bevor sie ihre wahren Qualitäten auf hoher See unter dem Preß aller Segel beweisen konnte. Ferdinand Laeisz nahm das herrliche Bild der aus dem Hafen segelnden Viermastbark mit in sein Hamburger Kontor.

Als die Zeit der Viermastbarken anbrach, neigte sich die Ära der Windsäcke dem Ende zu. Schon war der Nekrolog angestimmt. Die kohlenfressenden Dampfer eroberten die Frach-

---

Die 1926 gebaute »Padua« ist die letzte gebaute frachttragende Viermastbark.
Sie segelt heute noch als »Krusenstern« unter russischer Flagge.

tenmärkte. Zunächst glaubten einzelne Segelschiffsreeder, diesem Maschinenansturm mit eisernen Viermastvollschiffen wirksam begegnen zu können. Doch der einst »kostenlose« Wind wurde zeitbedingt immer teurer!

1877 baute Barclay für eine alte Glasgower Reederei die erste eiserne Viermastbark, die nur 1460 BRT große *Tweedsdale*. Es zeigte sich, daß eine Viermastbark gegenüber einem vollgetakelten Viermaster ausschließlich Vorteile brachte. Die Bau- und Unterhaltungskosten eines nur mit Schratsegeln am letzten Mast getakelten Schiffes waren erheblich niedriger in der Anschaffung. Außerdem segelte das Schiff nicht langsamer, kam dafür aber mit vier oder fünf Seeleuten weniger aus. Das alles waren überzeugende Argumente, die auch einen Kaufmann wie Ferdinand Laeisz beeindruckten.

Ein Vorreiter aber war er nicht, es entsprach nicht seinem Naturell. Als 1886 Blohm & Voß in Hamburg die erste Viermastbark baute, war sie nicht für Laeisz, sondern für B. Wencke & Söhne bestimmt. Die *Polymnia* war als Glattdecker konzipiert und noch aus Eisen gefertigt. Sechs Jahre später lieferte Joh. C. Tecklenborg die aus bestem Schiffbaustahl gebaute Viermastbark *Placilla* an die Reederei Ferdinand Laeisz ab. Unter der weißen Flagge mit den roten Initialen F L knüppelte Kapitän Robert Hilgendorf das Drei-Insel-Schiff in sagenhaften 58 Tagen von Lizard nach Valparaiso, eine Zeit, die nur von zwei Schiffen unterboten worden ist, Laeisz-Seglern natürlich. Laufbrücken verbanden die drei Schiffserhöhungen Back, Mittschiffaufbau und Poop miteinander. Besonders bei schlechtem Wetter war das ein Vorteil, ragten häufig nur noch diese drei Schiffsteile bei stürmischer See aus dem Wasser. Von den 17 Viermastbarken, die einst unter der Hausflagge der Reederei Ferdinand Laiesz segelten, haben — und das ist erstaunlich genug — vier überlebt, die *Peking*, die *Pommern*, *Passat* natürlich und die noch unter dem Namen *Krusenstern* segelnde *Padua*.

Erwartungsvoll blicken die Taufgäste der ablaufenden »Passat« nach. 95 Tage später verläßt die Viermastbark Hamburg zur ersten Reise.

1. Buch

Als Flying-P-Liner um Kap Hoorn

Taufspruch der Viermastbark

Der Sturm bedroht in der Nordsee den Segler.
Dichter Nebel im verkehrsreichen Kanal bereitet Gefahr.
Des Ozeans ganze Wucht trifft ihn in der Biskaya.
Erst wenn der Wendekreis überschritten,
zieht mit den vom Passat geschwellten Segeln
das Schiff in schnellem Lauf seinem Ziele zu.
Mögen günstige Winde Dich, Du stolzes Schiff,
stets schnell und sicher in den schützenden Hafen geleiten.
Diesem Wunsche soll Dein Name Ausdruck geben.

Ich taufe Dich »Passat«

Frau Gertrud Grau, geb. Strack,
am 20. September 1911

Die »Passat« unter der Flagge der Reederei Ferdinand Laeisz

Ferdinand Laeisz (1801–1887)

Wer war eigentlich der Mann, der seinen Kapitänen ein ganzes Bündel von Instruktionen zwecks peinlicher Befolgung mit auf die Reisen gab? Ferdinand Laeisz wurde 1801 als Sohn des Kaufmannes Johann Hartwig Laeisz in Hamburg geboren. Infolge der heruntergekommenen Wirtschaft während der Franzosen-Zeit in der Stadt kam eine weiterführende Schule für die Laeisz-Kinder nicht mehr in Betracht. Sohn Ferdinand musterte auf dem in Blankenese beheimateten Schoner *Elisabeth* an. Doch das harte Seemannsleben war nicht sein Pläsier. Nach einer kurzen Reise musterte er ab und lernte das Binden von Büchern. Auf der Wanderschaft, die ihn auch nach Berlin führte, stieß er zufällig auf eine Hutmacherwerkstatt, die ihn sofort einstellte. 1824 nach Hamburg zurückgekehrt, trat er in das Geschäft seines Vaters ein, der überwiegend mit niederländischen Waren handelte. Auf Drängen des Heimgekehrten richtete ihm der Vater eine kleine Seidenhutmacherei ein. Die Wirtschaft Hamburgs erholte sich rasch von der französischen Besatzungszeit, und mit dem Handel wuchs die Schiffahrt. Wer immer Geld übrig hatte, legte es in Schiffsparten an

oder gründete eine Reederei. Zu einem eigenen Segler reichte Ferdinand Laeisz das Geld zwar nicht. Daher charterte er zunächst ein Fahrzeug und belud es mit in seiner Werkstatt hergestellten Hüten. In Südamerika rissen sich die Herren um die formschönen, bunten Seidenhüte aus Europa. Um Fracht zu sparen entstand alsbald in Bahia die Hutfabrik Laeisz & Bonne. Ähnliche Fertigungsstätten wurden auch in anderen südamerikanischen Städten errichtet. Doch noch jahrelang segelten von Laeisz nur gecharterte Schiffe zwischen dem alten und neuen Kontinent. Sie transportierten Rohmaterialien zu den Hutproduktionsstätten und heimkehrend Farbhölzer, Kaffee und andere in Deutschland begehrte Kolonialwaren.

1839 ließ der Hutmacher Ferdinand Laeisz sein erstes eigenes Schiff zimmern. Die hölzerne Brigg *Carl*, benannt nach seinem Sohn, wurde in Lübeck gebaut. Fünf Jahre später endete mit dem Verkauf der Brigg vorerst das Reedereigeschäft. Es hatte sich nicht gelohnt.

Erst als Carl Laeisz 1852 in das väterliche Unternehmen einstieg, änderte sich die Philosophie des Hauses. Mehr Risiko war gefragt, ein Unternehmer mußte auch etwas unternehmen, und so erwarb vier Jahre später die Firma die Schoner *Sophie* und *Friederike*, ein Jahr später folgte die Brigg *Adolph*. Der noch im selben Jahr bei Stülcken vom Stapel gelaufene Neubau erhielt den Namen *Pudel*. Es war der Neckname der Schwiegertochter. Ab 1866 erhielten alle Laeisz-Schiffe mit einer Ausnahme mit dem Buchstaben »P« beginnende Namen. Diese Marotte brachte ihnen später, als die Schiffe das »Laufen« gelernt hatten, die legendäre Bezeichnung »Flying-P-Liner« ein. 1867 wird zum entscheidenden Jahr in der Geschichte des Hauses, denn die Reederei kaufte sechs Segler dazu und mit ihnen zahlreiche geschlossene Frachtverträge für Häfen in Peru und Chile. Diese neuen Beziehungen wurden kontinuierlich ausgebaut. Schon 1878 konnte eine regelmäßige Linie mit Segelschiffen nach Chile eingerichtet werden. Das Wachstum der Laeisz-Flotte bis zum Ausbruch des Ersten Weltkrieges 1914 ist verbunden mit der Zunahme des enormen Salpeterverbrauches als Düngemittel in Europa.

1910 segelten für die an der Trostbrücke in Hamburg residierende Reederei Ferdinand Laeisz 16 große Segelschiffe mit zusammen rund 40000 BRT. Die schnellen Reisen der »P«-Liner und ihre Regelmäßigkeit waren keine Zufallserfolge. Sie hingen aber mit ab der Tüchtigkeit der eingestellten Kapitäne. Die Anforderungen waren hoch, doch der Name Laeisz zog wie ein Magnet jene Seeleute und Offiziere an, die sich auf anderen Windjammern nicht ausgelastet fühlten. Als die *Passat* 1911 in Dienst gestellt wurde, lebten Ferdinand Laeisz und auch sein Sohn Carl nicht mehr.

DIE ERSTE REISE

Kapitän: J. Wendler
1. Steuermann: Karl Dieckmann, 2. Steuermann: H.F. Wilhelm Boje, 3. Steuermann: Heinz Groth

24. Dezember	1911	Die *Passat* verläßt am Heiligabend den Hamburger Hafen, beladen mit Stückgut für Südamerika.
28. Dezember	1911	Dover wird passiert.
28. Januar	1912	Erste Äquatortaufe. Sie wird entsprechend gefeiert.
23. Februar	1912	Der 50. Breitengrad wird erreicht, damit beginnt die Kap Hoorn-Umrundung zu zählen.
5. März	1912	Nach nur elf Tagen ist die Umrundung geschafft, der 50. Breitengrad wieder erreicht.
14. März	1912	*Passat* ankert vor Valparaiso/Chile. Als der Zimmermann Rieck den Motor der Winsch anwerfen will, wird ihm die Hand abgerissen. Der Verletzte wird ins Krankenhaus gebracht.
13. April	1912	Nach Löschen der Ladung versegelt die *Passat*
20. April	1912	und ankert sieben Tage später vor Mejillones.
1. Mai	1912	Beladen mit Salpeter geht der Viermaster auf die Heimreise.
20. Juni	1912	Die Linie wird geschnitten.
30. Juli	1912	Nach 91 Tagen auf See passiert die *Passat* den Leuchtturm Lizard am Eingang zum Englischen Kanal.
2. August	1912	Die Viermastbark *Passat* beendet ihre erste Rundreise und trifft in Hamburg ein.

Die erste Reise war angenehm

24. Dezember 1911

Bis zur Halskrause mit Stückgütern für Valparaiso beladen, verließ die Viermastbark *Passat* um 8.00 Uhr den Segelschiffshafen. Der Schlepper taute den Segler elbabwärts bis Altenbruch Reede. Der starke nordwestliche Wind zwang den Kapitän, der zuvor das Vollschiff *Pirna* geführt hatte, den Anker wegzustecken und günstigeren Wind abzuwarten.

26. Dezember 1911

Die Besatzung hatte Muße, und sie feierte Weihnachten auf ihre Art. Als plötzlich der Wind wegschralte, hieß es »Anker auf«. Um 9.00 Uhr begann sich klimpernd das Ankerspill zu drehen. Unter Schlepperassistenz ging es seewärts, vorbei an der Alten Liebe und den vier Elbfeuerschiffen, die Spalier standen. Vierundzwanzig Stunden brauchte der Großsegler bis Terschelling, aber nur zwei weitere bis Beachy Head.

6. Januar 1912

Ihre erste ernste Bewährungsprobe mußte die neue Viermastbark auf 45° Nord und 7° West bestehen. Um Mitternacht frischte der bisher aus Südwest kommende Wind rasch auf und drehte schnell auf Nordwest. Beide Wachen mußten an Deck, um die oberen Segel zu bergen. Rasch mußte es gehen, jeder Handgriff sitzen, denn eine drohende Luft zog sich über den ganzen westlichen Horizont hin.

Unterwegs nach Chile.
Der Wind weht günstig, die Royals werden gesetzt.

Sturm kam auf!
Das Barometer war von 774 auf 752 gefallen. Bei durcheinanderlaufender See arbeitete die *Passat* heftig und schöpfte mit beiden Schanzungen Wasser. Kapitän Wendler wollte jedes Risiko vermeiden und legte die *Passat* an den Wind, um den Sturm abzuwettern.

Erst in den späten Abendstunden flaute der Sturm ab, so daß die *Passat* auf der Morgenwache gehalst und wieder auf Generalkurs gebracht werden konnte.

14. Februar 1912

Innerhalb von nur vier Stunden rannte die tief abgeladene Viermastbark bei kräftigem Nordwest (7–8), aber schwachem Seegang 52 Seemeilen. Der Kapitän gab am Besan einen Schnaps aus.

28. Februar 1912

Um 8.00 Uhr schnitt der Windjammer unter Vollzeug bei starkem Regen und leichter Brise auf 25° West die Linie. Zum Zeichen der gelungenen Überquerung wurde dem Meer eine Flaschenpost mit den Angaben über das Schiff, die Zeit und die Position übergeben. Sie sollte mithelfen, mehr über die Strömungsverhältnisse zu erfahren. Die an die Seewarte in Hamburg gerichtete Flaschenpost hat die Adressaten nie erreicht.

10. März 1912

Der erste Albatros auf dieser Reise wurde gesichtet. Kapitän Wendler angelte einen Hai und wurde dafür von der Crew bewundert, was ihr einen Schnaps einbrachte. Mit dem schönen Wetter war es vorerst vorbei. Blitze zuckten über den Horizont, erhellten die Nacht. Nach heftigem Gewitter setzte strömender Regen ein. Zwei Tage später umkreisten die ersten Seeschwalben die *Passat*.

Der Wind pustete stetig aus Nordost (5–6). Die unter Vollzeug dahinziehende *Passat* legte zwischen 6 und 8 Seemeilen in der Stunde zurück.

25. März 1912

Die Leuchttürme von New Year Island und Middle Cap konnten gepeilt werden. Die sich schneidenden Standlinien ergaben einen genauen Schiffsort. Zwei Tage später stand die Viermastbark auf 57° Süd und 66° West. Am Kompaßstrich lag Süd-Süd-West an. Kräftig, böig zuweilen, drückte der westliche Wind in die Segel. Auf der Mittagswache legte die *Passat* 36 Seemeilen zurück, und der Alte nickte zufrieden. Unterdessen baute sich der Wind zum ausgewachsenen Sturm auf. Segel mußten geborgen werden. Die Maßnahme reichte nicht aus, um der drohenden Gefahr zu begegnen. Bei orkanartigen Böen und wilder See blieb Kapitän Wendler keine andere Wahl, als das Schiff beizudrehen.

Auch der nächste Tag brachte keine Wetterbesserung. Erst gegen Mitternacht holte der Sturm östlich herum, und die *Passat* konnte die Reise fortsetzen.

Zwei ostwärts steuernde Rahsegler kamen in Sicht, doch die Entfernung war zu groß, um Erkennungssignale austauschen zu können.

2. April 1912
Kap Hoorn schien bezwungen zu sein. Noch einmal mußte gehalst werden, dann aber ging es auf Steuerbord-Bug liegend nordwärts. Auf dem Achterdeck verteilte in einem Anfall von Großzügigkeit der 1. Steuermann eine Buddel Köm an die Leute seiner Wache. Er hatte wohl etwas gutzumachen. Die Schiffsjungen bekamen natürlich keinen Tropfen.

Der anhaltende Südwest zwang den Alten, noch einmal auf den anderen Bug zu gehen und Raum nach Westen zu gewinnen. Trotz des schweren Wetters marschierte die Viermastbark unter dem Press ihrer Segel flott vorwärts und lief durchschnittlich 9−10 Knoten.

14. April 1912
Land in Sicht! Der Feuerschein von Curaunilla tauchte gegen 4.00 Uhr aus der See auf. Mit einem lauten Hurra begrüßten die Männer der Wache dieses erste Landzeichen. Bald konnnte nach Landmarken gesteuert werden. Um 11.45 Uhr ankerte

Beigedreht wettert die »Passat«
den ersten schweren Sturm ab.

nach 67 Tagen und 6 Stunden vom Ausgang des Englischen Kanals gerechnet der Hamburger Viermaster auf 22 Faden mit Steuerbord-Anker auf der Reede von Valparaiso. Der Neubau hatte sich bewährt, entsprechend fiel der Bericht des Kapitäns an seine Reederei aus.

Auf See war außer den üblichen Blessuren keinem der Besatzungsmitglieder etwas passiert. Gefährlicher war das Landleben. Beim Anwerfen der Winsch wurde dem Zimmermann eine Hand abgerissen. Das sah übel aus, zum Glück konnte er verhältnismäßig schnell in das städtische Krankenhaus gebracht werden.

15. April 1912

Die Ladung war gelöscht. Bei mäßiger Brise und bedeckter Luft verließ die *Passat* in Ballast die Reede, um nach Mejillones zu versegeln. Während der ganzen Reise blieb der Wind schwach. Mit Unterstützung des nordwärts setzenden Humboldt-Stromes erreichte das Schiff sieben Tage darauf den Ladehafen.

20. April 1912

»Fall Anker« auf der Ballastreede. Kaum graute am nächsten Tag der Morgen, als der aus Sand bestehende Ballast von den Leuten der Crew über Bord geschaufelt wurde. Geschuftet wurde »rund um die Uhr«. Das war alles andere als ein Zuckerschlecken. Einer der Matrosen verließ, auf seine Habseligkeit verzichtend, das Schiff. Er hatte die Nase voll, wollte sein Glück an Land versuchen.

20. Mai 1912

Mit Salpeter beladen konnte die *Passat*, begleitet von Booten anderer im Hafen liegender Segelschiffe, die unwirtliche Ree-
de verlassen. Es ging heimwärts. Die berechtigte Aussicht, in wenigen Monaten wieder auf der Reeperbahn die Puppen tanzen zu lassen, stimmte die Männer an Bord freudig.

22. Mai 1912

Auf 50° Süd und 78° West begann die erneute Umsegelung Kap Hoorns. Bei annehmbaren südwestlichen Winden machte der tief abgeladene Windsack flotte Fahrt.

28. Mai 1912

Dem wachhabenden Steuermann gelang es, in den frühen Morgenstunden Diego Ramirez zu peilen. Im Abstand von 14 Seemeilen passierte die *Passat* die einsam gelegene Insel am Rande der Welt. Drei gute Etmale — die besten auf der Rundreise — folgten an den nächsten Tagen:

26. Mai 1912

300 Seemeilen

27. Mai 1912

294 Seemeilen

28. Mai 1912

288 Seemeilen

An diesem Tag erreichte die Viermastbark den 50. Breitengrad und beendete damit die Umrundung Kap Hoorns.

Diese zurückliegenden Tage hatten das Äußerste von den Seeleuten verlangt. Bei nur 3° über dem Gefrierpunkt, starkem Schneefall und wütenden Hagelschauern mußten sie immer wieder ins Rigg, um Segel zu bergen und wieder zu setzen. Zu unstetig fegte der Südsüdwest über die rauhe See. Erst am letzten Tag wurde es in den Abendstunden spürbar wärmer. Inzwischen hatte der Wind volle Sturmstärke erreicht. In einer hohen achterlichen See preschte die *Passat* ostwärts. Schwere Brecher rauschten brodelnd über das Achterschiff. In der steigenden See rollte die Viermastbark wie verrückt. Besorgt betrachtete mehr als einmal der Alte die Takelage, aber die Hamburger Werft hatte ein starkes Schiff gebaut, das auch der schwersten See bei richtiger Handhabe zu trotzen vermochte.

3. Juni 1912

Flautenwetter; zunächst bester Sonnenschein, dann bedeckte Luft. Ein treibendes Schiff und flappende Segel an den Rahen, was gibt es ärgerlicheres für einen Segelschiffskapitän? Erst am nächsten Tag setzte sich eine Brise aus nördlicher Richtung durch, kräuselte die Wasseroberfläche und zwang die *Passat* zum Kreuzen. Das viel zu ruhige Wetter hielt an.

11. Juni 1912

Ein Rudel Wale begleitete die auf blauem Wasser dahinsegelnde Viermastbark und sorgte für Gesprächsstoff. Sonst war das Bordleben durch das anhaltende schöne Passatwetter bestimmt. Leerlauf gab es auf einem Segler nie. Auf einem neuen Schiff fällt mitunter mehr Arbeit an als auf einem alten Tramp. Die Steuerleute und der alles sehende Bootsmann hatten keine Mühe, die Leute entsprechend einzusetzen.

19. Juni 1912

Um Mitternacht wurde die Linie auf 28° West geschnitten. Anläßlich dieses freudigen Ereignisses gab der 1. Steuermann einen Schnaps aus. Eine ruppige Dünung aus Südost warf das Schiff heftig von einer auf die andere Seite. Schwach nur wehte der Wind.

22. Juni 1912

Obwohl die Segel schlapp von den Rahen herunterhingen, das Schiff steuerlos war, wurde es doch vom Strom stetig nordwärts versetzt, so daß Kapitän Wendler diese Beobachtung im Meteorologischen Tagebuch entsprechend hervorhob. Das war Grund genug, um eine weitere Flaschenpost dem Meer anzuvertrauen, die sich aber wie die anderen in der Weite des Atlantiks verlor. Vielleicht wurde sie gegen einen felsigen Küstenstrich geworfen und zerschellte. Matrosen der Backbordwache fingen einen kapitalen Haifisch und holten ihn an Deck, um ihn bestialisch umzubringen. Beobachtet wurden viele andere Fische in der Nähe des Schiffes. Eine Schule Pottwale tauchte vier Tage später auf, begleitete stundenlang den einsam dahinziehenden Segler und sorgte für Abwechslung. Schwach nur fiel der Wind ein.

27. Juni 1912

Nun war auch noch der restliche Wind eingeschlafen. Die *Passat* rührte sich nicht mehr vom Fleck. Es gab keine Bugsee und kein Kielwasser. Da nutzten keine Segelmanöver und kein Rumbrassen der Rahen, kein Fluchen der Steuerleute und Kratzen am Großmast. Müde vom Stehen hatte sich der Rudergänger auf der Grätung niedergelassen und sah gelangweilt den Kumpels bei der Zeugwäsche zu.

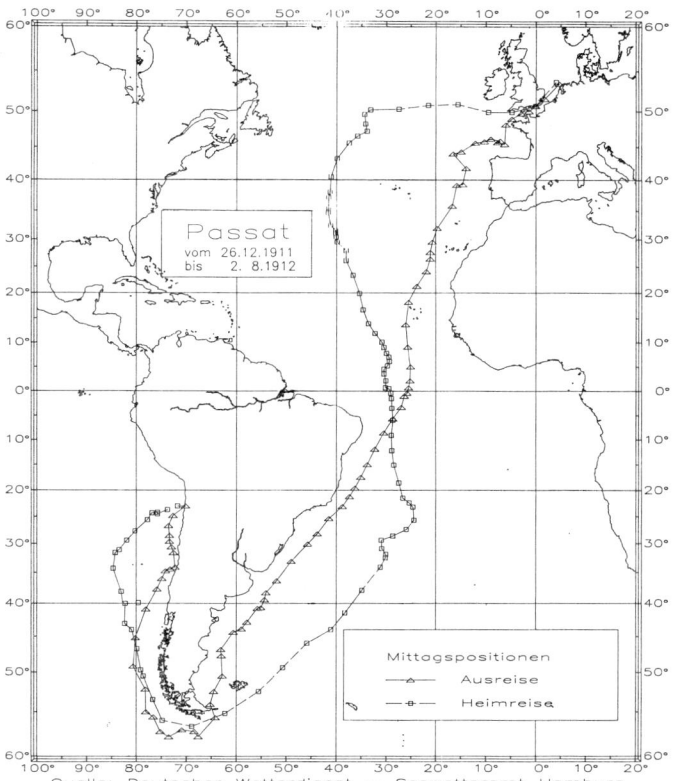

Treckkarte der »Passat«.

Noch eine Flaschenpost flog im hohen Bogen über die Reling und landete unweit der Bordwand im Wasser, und dort blieb sie liegen.

30. Juni 1912

Erholsamer Regen setzte ein, stürmisch begrüßt von der Besatzung. Aber auch Wind kam auf, und die *Passat* begann zu laufen. Die Flaschenpost blieb zurück. Zwei Tage später erwischten sie den Passat und atmeten erleichtert auf. Die Zeit des Herumgammelns war vorbei. Zufrieden rieb sich der Alte die Hände.

Golfkraut lag wiesengleich in Sichtweite auf dem Wasser. Schmutzwetter setzte ein. Der vorwiegende Nordost-Wind blieb flau, entsprechend schlecht waren die Etmale an den nächsten Tagen.

12. Juli 1912

30 Seemeilen

13. Juli 1912

93 Seemeilen

14. Juli 1912

86 Seemeilen

16. Juli 1912

Ein Schwarm Seeschwalben huschte über die See, sprang über die Masten des Schiffes und verschwand. Langsam briste es auf. Dunkle Wolkenbänke quollen über den Horizont. Bald standen die oberen Segel prall gefüllt im Wind. Eine Herde Tümmler zog in geschlossener Formation an der Viermastbark vorbei. Erst als die Viermastbark den 45. Breitengrad erreichte, legte der Wind einen Zahn zu. Nach langer Zeit mußte die Wache wieder die oberen Segel bergen. Die *Passat* rannte bei westlichen Winden durch den Englischen Kanal, als ob sie den Heimathafen riechen konnte.

30. Juli 1912
Im Abstand von 15 Seemeilen wurde Lizard passiert. 90 Tage hatten sie gebraucht, das war zwar kein Rekord, aber eine Leistung, mit der jeder zufrieden sein konnte. So sah es der Alte, die Steuerleute und wohl auch der Reeder.

2. August 1912
Beim Feuerschiff *Elbe I* kletterte der Lotse Ahrens an Bord und schüttelte dem Kapitän beide Hände. »Schön, daß ihr wieder zu Hause seid«, sagte er und strahlte über das bärtige Gesicht. Kapitän Wendler nickte ihm dankend zu, wohl wissend, was in dem Lotsen vorging.

Die Rundreise des neuen Schiffes war beendet. Der Kapitän übergab der Reederei einen positiv gehaltenen Bericht über die Neuerwerbung. Sieben Monate waren sie unterwegs gewesen. Unfälle hatte es auf See nicht gegeben, und bis auf einige wenige Garantiearbeiten, wie sie bei jedem Neubau anfallen, mußte die Werft nicht mit Leistungen einspringen.

Beladen mit Salpeter kehrt die Viermastbark nach Europa zurück und wartet in der Elbmündung auf den Schlepper.

DIE ZWEITE REISE

Kapitän: J. Wendler

1. Steuermann: August Mehrchens, 2. Steuermann: Charles Bohmann, 3. Steuermann: Richard Maas

29. September 1912	Nach Löschen der Ladung, Docken bei Blohm & Voß und Erledigung der Garantiearbeiten verläßt die *Passat* mit Stückgut beladen wieder den Hamburger Hafen.
2. Oktober 1912	Der begleitende Schlepper kann in der Elbmündung entlassen werden. Ein günstig wehender Wind bringt die Viermastbark in nur drei Tagen in den Englischen Kanal.
31. Oktober 1912	Der Äquator wird auf 29° West geschnitten.
23. November 1912	Beginn der Kap Hoorn-Umrundung.
5. Dezember 1912	Umrundung geschafft.
11. Dezember 1912	Der Viermaster erreicht die Reede von Valparaiso / Chile. Die Matrosen F. Möller und H. Wilken desertieren.
9. Januar 1913	Nach Löschen der Ladung und Übernahme von Ballast versegelt die *Passat* zum Ladehafen.
16. Januar 1913	Der Anker fällt auf der Reede von Mejillones. Einen Tag später desertiert der Matrose R. Knudsen.
26. Januar 1913	Beladen mit Salpeter verläßt die *Passat* die chilenische Küste und begibt sich auf die Heimreise.
14. März 1913	Äquator geschnitten auf 26° West.
16. April 1913	Lizard wird passiert.
20. April 1913	Die *Passat* macht im Hansahafen fest. Ende der Rundreise. Kapitän Wendler hat für sie 203 Tage gebraucht, 18 weniger als auf der Jungfernfahrt.

Eine durchgehende Schönwetterreise

Nach Löschen des Salpeters im Hansahafen verholte die *Passat* in die Werft, um bei Blohm & Voß die Garantiearbeiten ausführen zu lassen. Gleichzeitig erhielt sie im Dock einen neuen Unterwasseranstrich. Zwei Monate nach Beendigung der Jungfernreise konnte die Viermastbark mit einer fast völlig ausgewechselten Crew Hamburg wieder verlassen. Als sich das Segelschiff auf den langen Törn begab, nahm kaum einer Notiz davon. Es gehörte noch zum alltäglichen Bild einer Hafenstadt. Die Tränen der zurückgelassenen Bräute trockneten andere Seeleute. Der Wind wehte günstig aus Südost und brachte den Hamburger Veermaster schnell hinaus in die offene Nordsee und zügig zum Englischen Kanal. Drei Tage nach Verlassen Hamburgs passierte die *Passat* die leuchtenden Kreidefelsen von Dover in 4 Seemeilen Abstand. Ein kräftiger östlicher Wind ließ den Kapitän auf eine schnelle Reise hoffen. Sie würde ihm ein finanzielles Zubrot einbringen. Die Besatzung hatte gegen eine Schönwetterreise nichts einzuwenden. Ausgesprochen schlechtes Wetter gab es nur gelegentlich, stundenweise, so am 2. Oktober, als der Viermaster in den Englischen Kanal einsegelte. Der mit 8 Windstärken pustende Oststurm trieb die *Passat* durch die enge Schiffahrtsstraße. Reihenweise ließ die segelnde Viermastbark die Dampfer hinter sich.

Treckkarte der »Passat« (2. Reise).

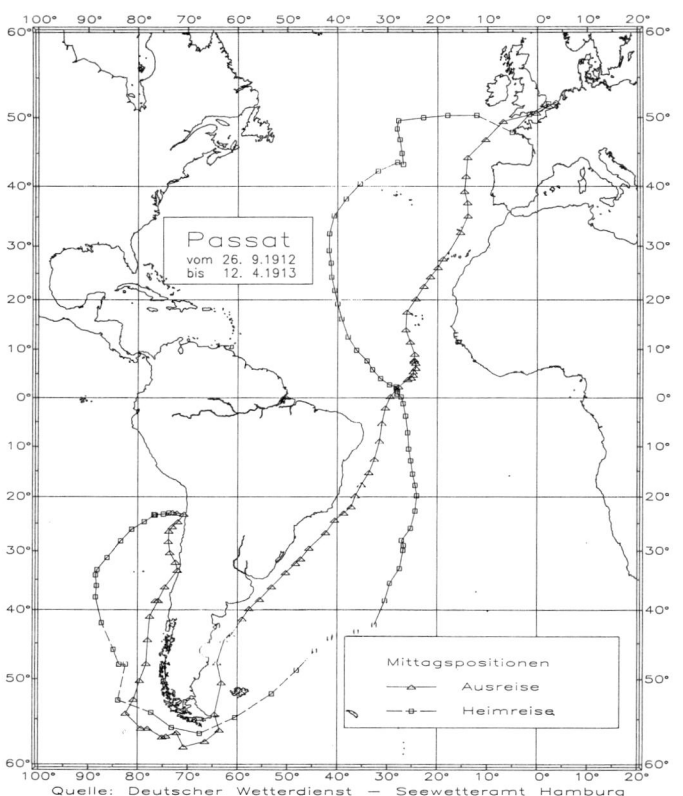

Arbeiten in der Takelage: Der Grundsatz »Eine Hand für dich, eine Hand für's Schiff« konnte nur selten angewendet werden.

Am 29. November, die *Passat* stand inzwischen auf 53° Süd und 73° West, stürmte es wieder, wie es sich bei Kap Hoorn geziemt, kräftig aus westlicher Richtung. Doch der Sturm gab sich nach vier Stunden geschlagen. Gut in den Kram paßte das letzte Schlechtwetter auf der Hinreise, als am 1. Dezember der Sturm aus West-Süd-West tobte und die See aufwühlte, denn zu diesem Zeitpunkt steuerte die *Passat* schon einen nördlichen Kurs und machte flotte Fahrt bei achterlicher See. Vier Stunden später ließ auch dieser Puster nach. 70 Tage brauchte die *Passat* bis Valparaiso. Das war eine gute Zeit, mehr nicht. Windmangel in Äquatornähe hatte einen möglichen Rekord zunichte gemacht. Erbittert schrieb Kapitän J. Wendler als Zusatz ins Meteorologische Tagebuch: »11 Tage von 9° Nord bis zur Linie!!!« Auf See hat keiner das Glück gepachtet.
Zügig gingen die Ladearbeiten auf der Reede von Mejillones voran. Als Wendler mittags an der Pier auf sein Boot wartete, saß darin der chilenische Vormann mit einem der Arbeiter. Dem Mann waren zwei Finger von der rechten Hand abgerissen worden. Die Hievjolle war ihm am Windenkopf übergelaufen. Nun streikten die Hafenarbeiter. Als der Alte an Bord

kam, lagen fünf Lanches längsseits, beladen mit Salpeter-
säcken, doch keiner rührte eine Hand, um sie an Bord zu hieven. Statt dessen palaverten die Chilenen an Deck und verlangten, sofort an Land gebracht zu werden. Wendler begriff
die gefährliche Situation, holte Schnaps und Zigarren aus seiner Kajüte und konnte so die aufgebrachten Gemüter beruhi-
gen. Bald darauf rasselten wieder die Winden. In der allabend-
lich einsetzenden Landbrise wechselte ein Geschwader Pelikane über die Bucht. Sie ruderten in schwerfälligem Flug mit
eingezogenen Köpfen dicht über dem Wasser und setzten zur
Landung an.
Wie die Hin- so auch die Rückreise. Günstige Stürme, wenn
es so etwas gibt, herrschten vor. Insgesamt wehte es nur 26
Stunden lang in Sturmstärke. Als die *Passat* den Englischen
Kanal erreichte, rieb sich Kapitän Wendler erfreut die Hände.
In nur vier Tagen prügelte er die *Passat* von Lizard nach Hamburg. Das war eine außergewöhnlich gute Zeit. In Hamburg
wurde der Windjammer schon erwartet, denn er sollte so
schnell wie möglich wieder hinausgehen. Ein Schiff im Hafen
kostet mehr als auf See.

Nach der Äquatortaufe folgt ein wildes Tänzchen an Deck.

*Die »Passat« wieder unter-
wegs.*

DIE DRITTE REISE

Kapitän: J. Wendler
1. Steuermann: L. Eckhardt, 2. Steuermann: Heinz Groth, 3. Steuermann: Walter Schmidt

19. Juni	1913	Die Viermastbark *Passat* verläßt mit Stückgut beladen den Hamburger Hafen.
25. Juni	1913	Bei flauen sommerlichen Winden passiert der Windjammer im Morgengrauen Dover in Sichtweite.
13. September	1913	Nach 77 Seetagen von Lizard aus gerechnet fällt der Anker auf der Reede von Valparaiso.
26. Oktober	1913	Beladen mit Salpeter segelt die *Passat* von Iquique ab.
25. Januar	1914	Nach 91 Seetagen erreicht der Viermaster Lizard und segelt in den Englischen Kanal ein.
27. Januar	1914	Ein harter Weststurm prügelt den Viermaster durch die südliche Nordsee heimwärts. Der Elblotse kann draußen nicht übernommen werden, zu hoch geht die See, er kommt erst bei Cuxhaven an Bord. Ende der Rundreise nach 221 Tagen.

Das Meteorologische Tagebuch dieser und der letzten Reise vor Ausbruch des Ersten Weltkrieges ist verschwunden. Wahrscheinlich blieben die Journale an Bord und gingen in den Kriegs- und Nachkriegsjahren verloren.

Weihnachten auf See

Heinrich Dau hatte als Schiffsjunge auf der Viermastbark *Passat* angemustert. 27 Jahre später, 1940, wird er als Kapitän des in norwegischen Gewässern von den Engländern geenterten Versorgers der deutschen Kriegsmarine *Altmark* für Schlagzeilen in der Weltpresse sorgen. Von solcher Karriere träumte der Schiffsjunge Dau wohl kaum, als er im Juni 1913 mit dem Hamburger Windjammer die Elbe abwärts geschleppt wurde. Staunend lehnte er an der Reling und freute sich auf die hinter dem Horizont liegenden Häfen.

Die *Passat* hatte eine feine Hinreise gehabt, etwas für zur See fahrende Großmütter, wie die erfahrenen Matrosen grinsten. Da war die unerfreuliche Äquatortaufe gewesen. An die erlittenen Höllenqualen konnte er sich noch drei Jahrzehnte später gut erinnern, aber auch an die herrlichen Passat-Winde und an Kap Hoorn natürlich. In Valparaiso nahm ihn der Koch mit an Land, um auf dem Markt frisches Gemüse einzukaufen. Ohne

Blick auf den Großmast. Die »Passat« stürmt vorwärts.

Die Segel stehen bis zum Bersten mit Wind gefüllt.
Es brummt in der Luft.

jegliche Vorwarnung verschwand der Koch jedoch in der nächstgelegenen Spelunke und erschien erst zwei Stunden später wieder, nicht mehr ganz nüchtern am Arm einer dunkelhaarigen, viel Busen zeigenden Schönen. Ohne Frischgemüse kehrten sie schließlich an Bord zurück, da der Smutje, wie er treuherzig versicherte, das Geld versoffen hatte.

Irgendwann war auch Heiligabend gewesen. Ohne Tannenbaum keine Weihnachtsstimmung, aber Meister Blau, der Zimmermann, hatte vorgesorgt und aus einem Besenstiel, Reiser, grüner Farbe, Girlanden und ein paar vom Alten gespendeten Kerzen einen Prachtbaum hergestellt.

Alkohol gab es keinen. So marschierte die Crew auf das Hochdeck, voran die Teufelsgeige. Der Kapitän ließ sich blicken, wünschte ein frohes Fest und verteilte Tabak und Zigarren. Schließlich brachte der Koch eine Bowle, aber der Große paßte genau auf, daß jeder nur ein Glas bekam, Heinrich Dau als Junge durfte zusehen. Anschließend saßen sie noch ein Weilchen um den Baum herum. Jeder hing seinen Gedanken nach, gesprochen wurde kaum. Als um Mitternacht die neue Wache aufzog, mußte sie erst die Segel trimmen, denn der Wind hatte leicht gedreht. Es war kein richtiger Wind, mehr ein starker Luftzug, der durch das hohe Rigg strich. Aber jeder Hauch mußte mitgenommen werden. Der Mond hing wie eine silberne Sichel über dem Kreuzmast. An Deck war alles still. Gele-

gentlich räusperte sich der Wachhabende. Blöcke knarrten, matt leuchtete die kleine Petroleumfunzel im Kompaßhäus-chen. Der Ausguck auf der Back sang ein fremdes Schiff aus. Tatsächlich winkte ihnen weit entfernt ein Dampferlicht am Mast zu. Drei Tage lang hing der Flögel schlapp herab. Da half kein Kratzen am Mast, kein ins Wasser geworfener Seestiefel. Mit dem Alten war nicht gut Kirschen essen. Es war besser, einen Bogen um ihn zu machen. Nichts war ihm recht.

Endlich ein Luftzug!

Sofort wurden die leichten Segel gesetzt. 20 Seemeilen legten sie in 12 Stunden zurück, dann war erst wieder einmal Schluß mit der Herrlichkeit.

Mit schwerer Zunge meldete der Rudergänger: »Kein Steuer im Schiff!«

So schlichen sie über den Äquator. Keiner nahm Notiz davon. Zwei Tage später setzte mit einer Regenbö eine frische Brise aus Westen ein. Sofort begann die Viermastbark zu laufen. An Deck war alles vorbereitet. Hart legte sich der Segler auf die Seite.

Es war schön, das zu erleben. Sie kamen schnell voran, schon lockte Lizard mit seinem starken Leuchtfeuer, und nach 221 Tagen Abwesenheit kehrten sie zurück nach Hamburg und wurden, wie das so Usus war, alle abgemustert.

Auch Kapitän Wendler verließ nach drei Reisen die *Passat.* Der 1878 geborene Seemann blieb der Reederei bis zu seinem altersbedingten Ausscheiden aus der Seefahrt treu. Er führte verschiedene Dampfer, unter anderem 1935 die *Planet.*

DIE VIERTE REISE

Ausreise:
Kapitän: Otto Piper
1. Steuermann: Richard Sietas, 2. Steuermann: Emil Levsen, 3. Steuermann: H.C. Moser

Heimreise:
Kapitän: Otto Piper
1. Steuermann: Hermann Töpper, 2. Steuermann: H.C. Moser, 3. Steuermann: Krutzfeld

31. März	1914	Die Viermastbark *Passat* verläßt, beladen mit dem üblichen Stückgut, Zement, Koks, aber auch Maschinenteilen und anderem mehr, den Hamburger Hafen.
4. April	1914	Die Kreidefelsen von Dover werden passiert.
19. Juni	1914	Nach 74 Seetagen ab Lizard gerechnet, ankert der Viermaster auf der Reede von Valparaiso.
13. August	1914	Nach Löschen der Ladung verholt das Schiff zum Salpeterhafen Iquique. Doch geladen wird nicht mehr, denn in Europa ist Krieg ausgebrochen.
3. September	1914	Der 3. Steuermann H.C. Moser wechselt auf die reedereizugehörige *Peiho*.
		. . .
9. Juni	1920	Die Kapitäne der in Chile aufliegenden deutschen Schiffe erfahren, daß an Bord alles für eine baldige Heimreise vorbereitet werden soll.
25. September	1920	Die Besatzung der *Passat* wird durch Neuankömmlinge aus der Heimat ergänzt. H.C. Moser kehrt von der *Peiho* auf die *Passat* zurück.
28. September	1920	Beladen mit Salpeter verläßt die *Passat* endlich die chilenische Küste. Doch ungewiß ist die Zukunft des Schiffes.
11. Januar	1921	Nach 105 Tagen auf See erreicht der Viermaster die französische Hafenstadt Marseille. Danach wird das Schiff für die Übergabe an Frankreich vorbereitet. Kapitän Piper und die Besatzung fahren nach Deutschland.
22. Dezember	1921	Die Hamburger Reederei Ferdinand Laeisz kauft für 13 000 Pfund Sterling die *Passat* zurück.
3. Januar	1922	Übergabe des Schiffes an die Reederei. Kapitän Otto Piper übernimmt wieder die *Passat*.
12. März	1922	Die *Passat* verläßt Marseille. Zur Schiffsführung gehören Wilhelm Lehmann (1. Offizier), Karl Schuberg (2. Offizier) und Paul Wegner (3. Offizier). Die Besatzung besteht aus 39 Mann.
4. Mai	1922	Lizard wird passiert.
8. Mai	1922	Nach 8 Jahren und 38 Tagen kehrt die Viermastbark *Passat* zurück auf die Elbe. Ende der wohl längsten Rundreise, die ein Schiff im 20. Jahrhundert gemacht hat.

Eine endlose Zeit
auf der Reede von Iquique

Als der Zweite Weltkrieg in Europa ausbrach, lag die Viermastbark *Passat* zusammen mit den deutschen Segelschiffen *Edmund, Herbert, Lisbeth* und *Olympia* auf der Reede von Iquique. An eine schnelle Rückkehr war nicht zu denken, denn überall auf den Meeren lauerten britische Seestreitkräfte auf Fahrzeuge unter deutscher Flagge. Insgesamt lagen bei Kriegsausbruch 55 deutsche Segelschiffe in chilenischen Häfen, neun davon gehörten Ferdinand Laeisz. Zwei seiner Schiffe wurden nichtsahnend auf der Heimreise aufgebracht, unterwegs von einem anderen Schiff gewarnt, erreichte die *Pamir* unbehelligt die Insel Palma.

Auf Anordnung der Deutschen Gesandtschaft in Buenos Aires wurden auf den vor Anker festliegenden Schiffen im neutralen Chile Vorbereitungen zur Zerstörung der Takelagen für den möglichen Fall einer Beschlagnahme getroffen. Selbstgebastelte Dynamitladungen wurden an den Masten angebracht. Als die chilenischen Behörden davon erfuhren — es gab jede Menge englischer Agenten an der Küste, die den Schiffsverkehr und die ankernden Fahrzeuge überwachten — mußten diese Sprengladungen abgebaut und ins Wasser geworfen werden. Nicht alle Kapitäne hielten sich an diese Weisung, denn in der Folgezeit wurde häufig mit Dynamit gefischt, um die Speisekarte abwechslungsreicher gestalten zu können und sich die Zeit zu vertreiben. Die deutsche Gesandtschaft sorgte dafür, daß als Ersatz für die Dynamitladungen Stahlsägen und Sauerstoffschneider an Bord kamen, um die Takelagen durch Fällen der Masten unbrauchbar zu machen. Um dieses zu verhindern und zu verhüten, daß die Außenreede durch über Bord geworfene Riggen verunreinigt wurde, erhielt jedes ankernde Schiff ein aus einem Offizier und sechs Infanteristen bestehendes chilenisches Bordkommando.

Probleme mit den an Bord verbliebenen Seeleuten gab es nicht. Der weitaus größte Teil der Besatzungen lebte längst an Land oder hatte sich in alle Himmelsrichtungen verstreut. Das war auch kein Wunder, denn die Abwechslung an Bord war zu gering und wurde mit jeder Woche, die verging, eintöniger. Es gab nur wenige Höhepunkte, die erzählenswert sind, sie lagen alle auch in den ersten Kriegsjahren. Obwohl die Funkstationen auf den deutschen Schiffen versiegelt worden waren, bestand eine geheime Funkverbindung zu dem an der Westküste kreuzenden deutschen Auslandsgeschwader. Ihre Anfangserfolge wurden gebührend gefeiert. Aller entbehrlicher Proviant mußte an das Kreuzergeschwader abgeliefert werden, als die Schiffe zwecks Ergänzung ihrer Vorräte für ein paar Tage Valparaiso anliefen. Eines Nachts begannen auf sämtlichen auf Reede ankernden deutschen Segelschiffen die Winden zu rasseln. Der für die Rückreise eingelagerte Schiffsproviant wurde

in Rettungsboote verladen und längsseits eines Dampfers gebracht, der noch vor Tagesbeginn die Außenreede verließ. Anfang 1915 hatte die deutsche Kolonie ihr Klublokal für einen Basar zur Verfügung gestellt. Mit Hilfe von Segeln und Signalflaggen war es von den Seeleuten festlich geschmückt worden. Monatelang hatten die Besatzungen der Schiffe für diesen Basar gearbeitet.

Der Abend war auch finanziell betrachtet ein voller Erfolg. Nichts war den deutschfreundlichen Chilenen zu teuer. Eine deutsche Flagge wurde amerikanisch versteigert und brachte 500 Pesos ein. Nach Abzug der Kosten konnten der deutschen Kaiserin, der Protektorin des Roten Kreuzes, 46 000 Mark übersandt werden.

Eine gute Reise
unter erschwerten Umständen

An der südamerikanischen Küste lagen am Ende des Ersten Weltkrieges rund 50 deutsche Schiffe aller Kategorien. Da infolge der Kriegsereignisse die Frachten enorm gestiegen waren, betrugen die Salpeterfrachten von Chile nach europäischen Häfen fast das Zehnfache des Vorkriegsdurchschnittes. Es lohnte sich, die dort aufgelegten Fahrzeuge heimkehrend mit Salpeter zu beladen. Vorsorglich machte sich Kapitän Boye Petersen im Auftrage der Reederei Laeisz schon Ende 1919 auf die Fahrt nach Chile, um vor Ort alle Vorkehrungen zu treffen. Derweilen wurde mit dem Reich ein Abkommen erzielt, wonach die zu einem Segler-Pool zusammengeschlossenen deutschen Reeder ihre Windjammer auf eigene Rechnung heimkehrend befrachten durften. Nach dem Versailler Vertrag waren alle deutschen Handelsschiffe über 1000 Tonnen an die Siegermächte abzuliefern. Für die Reederei Laeisz bedeutete das, daß auch die noch gar nicht in Fahrt gesetzten Neubauten *Pola* und *Priwall* abgeliefert werden sollten.

Inzwischen waren die Frachten wieder gefallen, doch wurde das Unternehmen ein voller kaufmännischer Erfolg. Die fertiggestellte *Priwall* verließ am 24. Juli 1920 Hamburg. An Bord befanden sich 200 zusätzliche Seeleute, kaum ein Drittel hatte Segelschiffserfahrung. Als die neue Viermastbark unter Kapitän Jürs am 12. November Valparaiso erreichte, befand sich die *Passat* schon auf dem Heimweg. Sie hatte ihren Besatzungsbedarf aus dem am 16. September 1920 ankommenden Dampfer *Lucie Woermann* gestillt.

Die *Lucie Woermann* hatte am 15. August mit rund 700 Seeleuten und einigen blinden Passagieren Hamburg verlassen. Im Verlauf der ungewöhnlichen Reise kam es zu fast meutereiartigen Vorfällen. Als Kapitän Boye Petersen an Bord erschien, um die Verteilung der Leute auf die einzelnen zu besetzenden Schiffe vorzunehmen, kam es zu erneuten heftigen Wortwechseln zwischen der Schiffsleitung und den selbsternannten Rädelsführern. Die rebellierenden Seeleute verlangten englische Heuer. Unter Berufung auf § 74 der Seemannsordnung erklärten sie die in Hamburg geschlossenen Heuerverträge für ungültig. Unterdessen schafften Aktivisten des kommunistisch gelenkten Seemannsbundes Propagandamaterial auf die vor Anker liegenden Windjammer.

Vom chilenischen Kreuzer *Chacabuco* kam ein angefordertes Kommandounternehmen an Bord des Dampfers, um für Ruhe und Ordnung zu sorgen. Die chilenischen Behörden befürchteten den Ausbruch einer Revolution und forderten die *Lucie Woermann* auf, umgehend die Reede zu verlassen. Kapitän Petersen gelang es, eine Frist zu erreichen, um die Leute und den mitgebrachten Proviant auf die ankernden Segelschiffe zu verteilen.

Am 24. September 1920 führten die Verhandlungen über die neuen Heuerforderungen zu einem Kompromiß. Petersen bewilligte beträchtliche Zulagen, zahlbar in chilenischen Pesos. Die kritische Lage war damit noch nicht beendet, denn am nächsten Tag wurden die Seeleute unter Bewachung einheimischer bewaffneter Polizisten auf ihre neuen schwimmenden Arbeitsplätze gebracht. Als die Sonne hinter dem Horizont verschwand, waren sämtliche Männer auf die acht vor Iquique und Pisagua liegenden Windjammer verteilt. Die *Lucie Woermann* konnte nach Caleto Coloso weiterdampfen. Die *Passat* war bereits beladen. Taucher hatten, so gut sie konnten, den Schiffsboden vom dichten Muschelpanzer zu befreien versucht.

Zwei Tage brauchte die bunt zusammengewürfelte Crew, um die Viermastbark segelklar zu machen. Etliche der Matrosen kannten Segelschiffe nur vom Hörensagen. Begleitet von den Hurras der noch zurückbleibenden Leute verließ die *Passat* nach jahrelanger Untätigkeit die chilenische Küste. Das Wetter war mit dem Schiff. Abgesehen davon hatte der Inspektor angeordnet, kein Risiko einzugehen. Für jeden Schaden am Schiff haftete die Reederei, auch ließ die Nottakelage kein Knüppeln um jeden Preis zu. Die Einnahmen aus den Frachten der heimgeholten Segler reichten aus, um die langjährigen Liegekosten der Schiffe abzudecken und einige der Windjammer zurückzukaufen.

Kapitän sorgte mit dem Revolver für Ordnung

Bald stellte sich heraus, daß Frankreich für die *Passat* keine Verwendung hatte. Es fehlten Segelschiffskapitäne und das dazugehörige Personal. So waren die Franzosen an einem Verkauf interessiert. Neben der Reederei Laeisz trat als Mitbewerber der finnische Reeder Gustav Erikson auf. Doch die von der französischen Regierung angepeilte Kaufsumme war dem knauserigen Finnen entschieden zu hoch. So konnte der Laeisz-Prokurist Gansauge am 22. Dezember 1921 in Paris den Kaufvertrag unterschreiben. Für 13 000 Pfund Sterling wechselte der Segler wieder den Eigentümer. Offiziell wurde die *Passat* am 3. Januar 1922 in Marseille von Kapitän Otto Piper übernommen. Er war mit dem 1. Steuermann Paul Lehmann, dem Segelmacher, dem Bootsmann und dem Zimmermann voraus gefahren. Der größte Teil der Besatzung kam in Begleitung des 2. Steuermanns Carl Schuberg per Bahn via Köln nach. Die *Passat* lag mit dem Heck zur Pier, um Kaiplatz zu sparen. Zunächst galt es, das Schiff vom Dreck zu reinigen. Anschließend wurde die Viermastbark ins Dock verholt, um das Unterwasserschiff vom Algen- und Pockenbewuchs befreien zu lassen. Die chilenischen Taucher hatten das auf der Reede vor Iquique nur im begrenzten Umfang geschafft. Mit auf dieser Reise waren Hermann Heuer und Paul Greiff. Genau 30 Jahre später, im Januar 1952, werden die beiden Männer als Kapitäne der *Passat* und der *Pamir* Schlagzeilen machen.

Am 12. März 1922 konnte die letzte Landverbindung gelöst werden. Mit 1 600 Tonnen Ballast im Unterraum machte sich die Viermastbark auf den Weg nach Hause. Das Wetter war schön, zu schön für einen Windsack. Kritisch wurden die Notpardunen betrachtet. Die Originalpardunen waren, wie berichtet, von Mitgliedern der Besatzung auf der Reede vor Chiles Küste durchgesägt worden, um das Schiff nicht unbeschädigt in die Hände anderer Mächte gelangen zu lassen. Diese Pardunen konnten nicht durch neue ersetzt werden, aber es gab genügend alte Eisenbahnschienen, und die waren an Stelle der eigentlichen Stahldrähte an den Untermasten und dem Deck angeschweißt worden. Wie sich im Sturm später herausstellte, hielten sie allen Belastungen stand. Zunächst aber galt es, das ruhige Mittelmeer zu verlassen. Sie brauchten bis East Rock einen guten Monat und weitere acht Tage, um die Straße von Gibraltar zu bezwingen. Zuletzt war die Crew so gut eingespielt, daß der Wachhabende das Wendemanöver mit nur einer Wache durchführte. Andererseits verleitete die Tüchtigkeit seiner Leute den Kapitän, immer näher an Gibraltar heranzusegeln. Paul Greiff glaubt später sich zu erinnern, von Bord der segelnden *Passat* die Affen auf den Felsen beobachtet zu haben.

Als die meisten an Bord annahmen, bis zum Ende ihrer Tage in der Straße von Gibraltar kreuzen zu müssen, drehte der

Wind, lange genug, um das Schiff den freien Atlantik gewinnen zu lassen, und nur danach stand der Sinn des Kapitäns. Weg von der spanischen Küste. Er nahm in Kauf, daß die Verpflegung von Mahlzeit zu Mahlzeit karger ausfiel, denn für eine solche lange Reise war das Schiff nicht ausgerüstet worden. Vieles lassen Seeleute sich gefallen, ein Mehr an Arbeit wird hingenommen, aber vor halbvollen Töpfen zu sitzen ist ihnen nicht zuzumuten. Noch schlimmer traf sie, daß es keinen Tabak mehr gab. So mußten die Pfeifen kalt bleiben, bis auf die des 1. Steuermanns Paul Lehmann, der einen unerschöpflichen Vorrat an Tabak zu haben schien, aber keinen Krümel abgab. Unter der Mannschaft befanden sich vier Matrosen, die 1920 mit dem Dampfer *Lucie Woermann* nach Chile gebracht worden waren, um die dort vor Anker liegenden deutschen Windjammer zu besetzen und heimzusegeln. Sie hatten auf der Dampferfahrt revolutionäre Stunden erfahren und gelernt, daß Kapitäne auch nur Menschen sind und keine Halbgötter. Zunächst wurden ihre aufrührerischen Erzählungen von den Kameraden nur belächelt. Man hielt sie für Aufschneider und für schlechte Segelschiffsleute, obwohl sie ihre Arbeit verstanden. Ihre Reifeprüfung kam, als der Wind schnell auffrischte, das Barometer fiel und Segel geborgen werden sollten. Entsprechend laut und barsch kamen die Befehle vom Hochdeck. Schon das mißfiel dem Kleeblatt. Sie weigerten sich, in die Takelage zu steigen und argumentierten, daß es besser sei, die Segel aus den Lieken fliegen zu lassen, als ihr Leben zu gefährden.

Nicht nur der Dampfer »Lucie Woermann«, sondern auch die »Priwall« brachte Seeleute nach Chile für die dort aufliegenden Schiffe

Vielleicht hätte der 2. Steuermann Carl Schuberg die Leute überreden können, ihre Arbeit zu machen, denn er konnte mit Menschen umgehen, fand für jeden den rechten Ton, ein gutes Wort. Doch dem Kapitän dauerte das Palaver zu lange. So weit kam es noch, daß Befehle demnächst erst ausdiskutiert werden mußten, bevor die Herren Matrosen sie ausführten. Er holte seinen Revolver aus der Lade, stürmte auf die Laufbrücke und drohte, von der Waffe Gebrauch zu machen, wenn sie nicht sofort gehorchen würden.

»Das ist gemeinschaftliche Meuterei«, brüllte er gegen den Sturm an, »ich bringe euch ins Zuchthaus!«

Doch erst als er in die Luft ballerte, nahmen die Matrosen seine Drohung ernst und bargen das Segel. Otto Piper beließ es dann dabei, den Vorfall im Schiffstagebuch zu notieren.

Der 1. Steuermann rastete aus

Die »Roten« hatten zwar die Bewährungsprobe nicht bestanden, doch damit war es nicht getan, die Reise zog sich in die Länge, noch war Lizard nicht in Sicht. Die Rationen, auch das Trinkwasser wurden weiter gekürzt, und Tabak war offiziell nicht aufzutreiben. Einige pafften aus lauter Verzweiflung kalt, andere stopften alles in die Piep, was qualmte, nur dem 1. Steuermann Paul Lehmann ging die Pfeife nicht aus, wenn er Wache hatte und auf dem Hochdeck auf und ab schritt, wie ein aufgeblasener Pfau. Er war nicht beliebt, der spätere Kapitän der *Pinnas*, der sein Schiff bei Kap Hoorn verlieren sollte. Die Matrosen ärgerten sich, daß der Steuermann sich weigerte, ihnen mit Tabak auszuhelfen. Und um Tabak drehte sich in diesen Tagen fast jedes Gespräch, bis einer der Matrosen auf den Gedanken kam, dem Großen den Tabak zu klauen. Er konnte ja nur in seiner Kammer sein. Die Matrosen hatten zu den Räumen der Offiziere keinen Zutritt, wohl aber der Steward. Als die Matrosen den Steward anstifteten, Lehmann zu bestehlen, es wäre ja schließlich so etwas ähnliches wie Mundraub, weigerte der sich. Es fiel ihm leicht, denn er rauchte nicht. Doch die Matrosen drohten, ihm das Fell über die Ohren zu ziehen, wenn er sich weiterhin so unkameradschaftlich verhielte. Schließlich gab der Steward nach und brachte eine Handvoll Tabak ins Mannschaftslogis. Wie Krösusse begaben sich die Matrosen mit ihren Pfeifen an Deck und pafften dem 1. Steuermann etwas vor. Paul Lehmann wußte sofort, woher der Tabak stammte, griff sich den Steward und verprügelte ihn nach Strich und Faden, so brutal, daß die Matrosen mit geballten Fäusten herumliefen und schworen, Lehmann bei nächster Gelegenheit über Bord zu werfen. Aber sie griffen nicht ein. Der Schock, den ihnen der Alte mit dem Revolver eingeflößt hatte, saß zu tief. Sie murrten, mehr aber geschah nicht. Viel-

leicht dachten sie auch daran, daß sie dem Steward eine ähnlich harte Prügel verabreicht hätten, wenn er ihren Wünschen nicht nachgekommen wäre.

Das alles war schnell vergessen, als das Schiff am 4. Mai in den frühen Morgenstunden Lizard passierte. Ein kräftiger Westwind wehte, und die *Passat* flog förmlich durch den Englischen Kanal. Genau vier Tage später passierte die Viermastbark Cuxhaven und traf am Nachmittag zur Kaffeezeit nach achtjähriger Abwesenheit in ihrem Heimathafen ein. Es ist die längste Zeit, die je ein Windjammer der Reederei Ferdinand Laeisz für eine Rundreise brauchte.

Eine Heuer für einen Kuß

Nach 55 Seetagen wollten alle, so schnell es ging, an Land, um sich die Beine zu vertreten. Nicht anders Paul Greiff. Er schloß sich dem Bootsmann Emil Groß an, der, wenn er in Hamburg an Land lag, bei einer Wirtsfrau auf der Davidstraße wohnte, logierte, wie es hieß. Groß war ein Seemann, wie in Büchern beschrieben, breit in den Schultern, mit kräftigen Händen und einem weichen Herzen. Er konnte sich nicht vorstellen, jemals auf einem Dampfer zu fahren, und das tat er auch nicht. Von ihm hat manch späterer Kapitän mehr gelernt als auf der Schule.

Die Wirtsfrau war nicht im Hause, so stellte Emil seinen Seesack in der Küche ab, und sie setzten sich in die dazugehörende Schenke, wo das herangewachsene Töchterlein an Tischen sitzende Fischdampferjantjes mit deftigen Getränken versorgte. Daß sie mehr anzubieten hatte als Bier und Korn, verheimlichte sie keineswegs. Im Gegenteil, ihr zu eng geratener Pulli betonte die weiblichen Proportionen über Gebühr. Emil Groß hatte seine Jahrzehnte auf dem Buckel, und man sah sie ihm auch an. Vergeblich bettelte er um einen Kuß. Paul Greiff war das Verhalten des von ihm verehrten Bootsmannes ein bißchen peinlich, aber er konnte nicht verhindern, daß der dem Mädchen für nur einen Kuß eine ganze Monatsheuer anbot.

Vielleicht entdeckte Emil für einen Augenblick in ihren Augen so etwas wie Nachdenklichkeit, als sie lächelnd ablehnte. Anders ist sein Verhalten nicht zu erklären, denn er bot ihr alles, was er in den letzten vier Monaten verdient und gespart hatte, und das war nicht wenig.

Paul Greiff verabschiedete sich. Er konnte es nicht länger ertragen, daß sein Freund Emil von diesem Mädchen zum Narren gemacht wurde. Als er den Bootsmann ein paar Tage danach auf der *Priwall* wiedersah, saß Emil auf der Achterluke. Er weinte, nicht laut, mehr in sich hinein. Paul legte den Arm um dessen Schulter. Er fragte nicht. Es war nicht die schwerverdiente Heuer, der Emil Groß nachtrauerte, er hatte seinen Mannesstolz verloren.

DIE FÜNFTE REISE

Kapitän: H. Raun
1. Offizier: Hermann Töpper, 2. Offizier: Carl Fischer, 3. Offizier: Carl Wiesenberg

21. August	1922	Nach gründlicher Überholung des Schiffes bei Blohm & Voß und Einbau eines Löschfunkensenders verläßt die *Passat* mit Stückgut für Chile beladen den Hamburger Hafen.
22. August	1922	Kurz vor Mittag zieht die Viermastbark an Cuxhaven vorbei der offenen See entgegen.
24. August	1922	Am frühen Morgen steht die *Passat* rund 30 Seemeilen westlich der Insel Terschelling.
26. August	1922	Bei wechselnden Winden wird Dover passiert.
31. August	1922	Lizard peilt querab.
22. September	1922	Linie geschnitten auf 22° West.
26. Oktober	1922	Der Viermaster erreicht den 50. Breitengrad Süd und beginnt mit der Umsegelung Kap Hoorns.
9. November	1922	Nach 16 Tagen ist die Umrundung abgeschlossen.
20. November	1922	Nach 81 Tagen auf See, ab Lizard gerechnet, fällt der Anker vor Valparaiso. Nach und nach desertieren 14 Mann, darunter auch der 2. Offizier Carl Fischer. Sie wollen entweder ihr Glück in Chile oder auf anderen Schiffen versuchen.
9. Dezember	1922	Nach Löschen der Ladung und Übernahme von Ballast versegelt die *Passat* zum Ladehafen.
14. Dezember	1922	Schiff erreicht den Salpeterhafen Caleta Coloso.
8. Januar	1923	Beladen mit Salpeter begibt sich die *Passat* auf die Heimreise.
21. März	1923	Linie geschnitten auf 29° West.
25. April	1923	Lizard wird nach 106 Tagen auf See passiert.
27. April	1923	*Passat* erreicht mit Hilfe eines Schleppers den Hafen Rotterdam und löscht die Salpeterladung.
18. Mai	1923	Schiff ist besenrein, Übernahme von Ballast.
25. Mai	1923	Im Schlepp geht es nach Hamburg.
27. Mai	1923	Am frühen Nachmittag passiert die *Passat* die Landungsbrücken. Für die Rundreise Hamburg-Rotterdam brauchte die *Passat* 249 Tage.

Das Salpeterkreuz im Mast

In der Februar-Ausgabe 1942 der Zeitschrift »Der Deutsche Seemann« veröffentlichte Kapitän Fred Schmidt einen längeren Artikel über die Bräuche der Seeleute. Schmidt bedauerte zutiefst den Verfall vieler alter Seemannsbräuche. Über das Salpeterkreuz am Mast schrieb er:

»Sehr bedauerlich ist das Schwinden eines andern Brauchs, der Feier, mit der wir die Beendigung des Ladens an der Salpeterküste begingen. War die Arbeit an den Knochenmühlen geschafft, hatten die drahtigen kleinen braunen Stauer die Salpeter-Pyramide im Raum bis unter die Luken gebaut, dann wurde Moses auf den allerletzten Sack mit Salpeter gesetzt, und mit Hallo und Gesang hievten wir ihn hinauf bis unter die Nock der Fockrah. Inzwischen stand schon ein Mann an der großen Schiffsglocke klar, bimmelte wie besessen, die ganze Crew stieg auf die Back, und der Vorsänger rief hallend über die Reede: Three cheers for de Heimreis' . . . hipp-hipp-Hurraaa! brüllte alles, was die Kehlen hergaben. Dann kam abermaliges Glockengetöse und danach Three cheers für den Kapitän, daß die Wanten klapperten. Das blieb nicht ohne Wirkung. Von achtern antwortete eine Stentorstimme mit der Zauberformel der deutschen Segler: Besanschoot an! Lachend schritt nun die ganze Gesellschaft achteraus, wo ihnen reihum der verdiente Wachtmeister eingeschenkt wurde.

Doch die richtige Salpeterfeier begann erst nach Einbruch der Dunkelheit. Wieder begann es mit Glocken-Gepingel. Aber nun wurde es feierlich. Das Salpeterkreuz wurde gesetzt! Das war ein großes Kreuz aus zwei kräftigen Planken. An den Enden des aufrecht stehenden Balkens hing je eine weiße Lampe, an den Nocken des horizontalen Armes zwei rote Kugellaternen. Prächtig sah es aus, wie es durch die samtne Dunkelheit der milden chilenischen Nacht aufwärts schwebte. Es wurden alle Schiffe angecheert, die auf der Reede lagen. Three cheers for de *Melpomene* . . . hipp, hipp-Hurra! Die Kameraden von drüben schickten ihren Gruß zurück.

Wieder bei uns an Bord: Bengelbengelbengelbeng schmetterte die Glocke. Dann Stille, und schon scholl es klar und hallend herüber: Three cheers for de *Passoot* . . . hipp-hipp-Hurra! So ging es weiter mit dem Spiel, Schiff für Schiff. Abschied wurde genommen von der Salpeterküste. Es war herrlich, wie in der stimmungsvollen Tropennacht das helle Glockengetön und die freudigen Anrufe über das leise dünende dunkle Wasser der Reede hallten. Jeder Anruf galt als formelle Einladung zur Feier an Bord. Auf allen Schiffen stiegen sie, gleich nachdem sie dem Heimkehrer ihren Gruß zugerufen, in ihr Boot, und alle waren willkommen, ob Deutsche, ob Engländer, ob Amerikaner, Holländer oder Skandinavier.

Mann an Mann saßen wir dann auf der Großluk, Schulter an Schulter auf den Spieren und sangen gemeinsam die alten melodienreichen Lieder der Seeleute hinaus in die Nacht, in der

Schwer abgeladen zieht die Viermastbark ihren Kurs.

sich still und wuchtig die hohen Riggen der Tiefwassersegler träumend wiegten. Die Mannschaft des Heimkehrers bewirtete ihre Gäste, so gut sie eben konnte. Da gab es Demijohns und Vino tinto, den wir Vino caracho nannten, und mancher Buddel Bier und Pisco wurde der Hals gebrochen. Aber die Kameraden der anderen Schiffe wußten ja, daß sie nicht zu reichen Leuten zu Gaste waren.

Am anderen Morgen in der Frühe kamen die treuesten der Macker von den anderen Schiffen wieder an Bord und halfen uns, Anker zu hieven, Segel loszumachen und Brassen reißen. Sie hätten nur einmal sehen sollen, wie dann die Marsrahen in allen drei Toppen zugleich hochgingen mit Gesang:

Oh have you been an the Congo River . . .

blow, boys, blooww . . .

Where fever makes he white man shiver.

Bow, boys, bully boys, blow!

Und die bully boys schmetterten den Refrain, daß die Pelikane drüben empört von den Rocks hochfuhren. So wollte es der Brauch an der Westküste.«

DIE SECHSTE REISE

Kapitän: H. Raun
1. Offizier: Heinrich Garbers, 2. Offizier: Jonny Holst, 3. Offizier: Karl Theodor Müller

15. August	1923	Bei sommerlichem Wetter verläßt die *Passat*, beladen mit Zement, Eisen und Koks für die Westküste, den heimatlichen Hafen.
19. August	1923	Aussegeln aus der Elbmündung.
26. August	1923	Dover wird passiert.
29. August	1923	Lizard querab.
24. September	1923	Linie geschnitten auf 24° West.
17. Oktober	1923	Mit Übersegeln des 50. Breitengrades beginnt die Umrundung Kap Hoorns.
31. Oktober	1923	Nach 15 Tagen Kampf gegen die Unbilden am Kap erreicht die *Passat* erneut den 50. Breitengrad, die Umrundung ist geschafft.
6. November	1923	Nach 70 Tagen auf See fällt der Anker auf der Reede von San Antonio. Auf dieser Reise desertieren 13 Matrosen. Via Valparaiso segelt die *Passat* zum Salpeterhafen.
2. Dezember	1923	Schiff erreicht Iquique.
1. Januar	1924	Schiff segelt von der Reede aus heimwärts.
7. April	1924	Lizard passiert nach 97 Tagen auf See.
10. April	1924	Fest im Löschhafen Rotterdam. Ende der Rundreise nach 237 Tagen.
2. Mai	1924	61 271 Salpetersäcke sind von Bord. Schiff ist entladen.
7. Mai	1924	Die *Passat* wird zum Heimathafen geschleppt.
8. Mai	1924	Schiff macht in Hamburg am Ladeplatz fest.

Im Hafen von San Antonio. Leichter liegen neben der Bordwand der Viermastbark.

Eine ganz gewöhnliche Reise zur Westküste

Nach Anmusterung der neuen Besatzung für eine Westküstenreise und zurück nach Hamburg oder einem anderen europäischen Hafen spannte sich am 15. August ein kräftiger Schlepper vor und zog die Viermastbark vorbei an den Landungsbrücken hinaus in Richtung freie See. Der Tiefgang betrug 18 Fuß. Zunächst sah es nach einer langen Reise aus. Vier Tage gammelten sie auf der Reede vor Brunshausen und warteten auf günstigen Wind. Der Weststurm nagelte die segelklare *Passat* auf der Elbe fest, ein Sommersturm zwar nur, aber ein unangenehmer. Dann flaute es ab, und der Windsack konnte hinaus. Nur mühsam ging es weiter. Jede Seemeile westwärts mußte dem Wetter abgerungen werden. Endlich drehte der Wind, querab blinkten die Lichter von Dover. Zwei Tage später passierten sie Lizard, und damit begann die Zeit zu zählen, die Tage, die sie bis Chile brauchten.

Am 30. August stand der Viermaster auf 47° Nord und 7° West. Das war auch der Tag, an dem der Westwind aufhörte und über Nordwest schließlich nach Nordost wanderte und sich dort festsetzte wie ein gern gesehener Gast. Die *Passat* konnte nun alle Segel an den Wind bringen. 19 herrliche Tage lang lag die Viermastbark auf Kurs, bis am 20. September vorübergehend der Wind nach Süd wegschralte, aber immer schwächer wurde.

Vier Tage später krochen sie über die Linie. Rückblickend betrachtet hatten sie die in der Nordsee verbummelte Zeit wieder herausgeholt. Sie könnten von Lizard aus gerechnet unter 70 Tagen bleiben, und das wäre eine glänzende Zeit, sie würde sich nahtlos an die alten anreihen und beweisen, daß die neue Kapitänsgeneration nicht schlechter war als die alten Führungskräfte. 70 Tage bis San Antonio — das war die Richtmarke!

Die Etmale in diesen Tagen lagen zwischen 160 und 190 Seemeilen. Der einsetzende Südost hielt durch und brachte den Windjammer rasch südwärts. Die schlechtesten Etmale auf dieser Fahrt machte die *Passat* mit 54 Seemeilen am 14. September und blieb mit 44 Seemeilen am 1. Oktober noch deutlich darunter. Das beste Etmal erreichte das Schiff am 24. September mit 285 Seemeilen.

Sie hatten wirklich viel Glück. Glück, das ein Kapitän braucht, um eine gute Reise zu machen. Den einzigen Sturm ritten sie auf 44° Süd und 61° West ab, als sie vom 9. bis 12. Oktober in ein Tiefdruckgebiet gerieten. Drei Tage lang kämpfte sich das Schiff unter Sturmsegel liegend westwärts. Am ersten Tag war das Schiffs-Thermometer über Bord gewaschen worden. Für den Rest der Reise mußte ein normales Thermometer herhalten. Es ging auch.

Die Kap Hoorn-Umrundung begann am 17. Oktober mit einer guten Brise aus Nordwest. Nur am 21. Oktober erreichte der Wind die Stärke 9 und setzte den Männern zu.

In den späten Abendstunden des 5. Novembers kreuzte die *Passat* vor San Antonio auf, mußte die Nacht über aber draußen beigedreht verbringen, bis der Anbruch des Tages ein Ansegeln der Reede möglich machte.

Auf der Zwischenreise vom letzten Löschplatz Valparaiso zum Ladehafen Iquique geriet die *Passat* am 30. November vor Morgengrauen in ein starkes Seebeben. Der erste Stoß erfolgte um 4.55 Uhr und dauerte exakt zwei Minuten. Starke Erschütterungen machten sich auf der *Passat* bemerkbar. Schwach nur wehte der Wind aus Südwest. Der erste Stoß ließ das ganze Rigg erzittern. Sofort war der Alte oben auf dem Hochdeck und betrachtete besorgt die Takelage. Auch die Freiwache hatte das Logis verlassen; die Männer standen abwartend an Deck herum. Gegen einen Sturm konnte man sich wehren, dachten sie, und einige glaubten an Weltuntergang. Um 5.15 Uhr erfolgte noch einmal eine starke Erschütterung, doch nichts kam von oben, die See spaltete sich nicht, keine Flutwelle brach über das Schiff herein und vernichtete es.

Am 2. Dezember erreichte die *Passat* die Reede von Iquique, auf der ein Teil des Sandballastes gelöscht wurde.

Weihnachten und Silvester feierten die Männer zusammen mit anderen deutschen Seeleuten an Land oder an Bord. Die Köche hatten sich angestrengt. Am ersten Tag im neuen Jahr klapperte nachmittags das Ankerspill. Die Heimreise »Kanal für Order« begann mit einer leichten Brise aus südlicher Richtung.

Am 12. Januar segelte der heimwärts ziehende Windjammer auf 27° Süd, 85° West, als gegen 3.00 Uhr ein Meteorit aus dem Sternbild des Skorpions heraustrat und einen hellgelbgrünen Schweif nach sich ziehend in östlicher Richtung am südlichen Horizont hinter einer dicken Wolkenbank verschwand. Vielleicht hat Kapitän Raun nachdenklich den Kopf geschüttelt und von einem bösen Omen gesprochen, obwohl er wie alle Seeleute nicht abergläubisch war, wenn man ihn gefragt hätte. Irgendetwas würde das schon zu bedeuten haben und bestimmt nichts Gutes: Krieg oder die Pest, vielleicht beides zusammen! Nicht auszuschließen ist, daß er zu dem neben ihm lehnenden Steuermann Holst gesagt hat: »Styrmann, dat givt 'ne lange Ries'!«

Wenn er sich so oder so ähnlich geäußert haben sollte, bekam er recht, denn sie brauchten 98 Seetage bis Lizard.

Doch noch ließ außer der Feuerkugel nichts auf eine längere Reise schließen. Im Gegenteil: Die Viermastbark überquerte am 22. Januar den 50. Breitengrad südwärts, und nur sieben Tage später lag die Kap Hoorn-Region achteraus. Der starke, westliche Wind trieb sie rasch vorwärts. In diesem Zeitraum fiel auch das beste Etmal der Rückreise mit 269 Seemeilen. Doch dann kamen vier windstille Tage bei bedeckter Luft. Kein Kratzen am Mast, kein wildes Brassen half.

Wasser wäscht über das Deck. Die Streck-taue und die Leichenfänger sind gespannt.

Die einsetzenden Winde waren zu schwach, um einen vollgeladenen Windjammer auf die Seite zu packen. Spärlich blieb das Kielwasser und schwach die Bugsee. Erst als sich die Viermastbark auf 27° Nord hochgearbeitet hatte, setzte ein stärkerer westlicher Luftzug ein. Sofort begann die alte Dame zu laufen und schaffte wieder Etmale, die über 230 Seemeilen lagen und dem Kapitän Freude bereiteten.

Mit des Glückes Mächten ist kein ewiger Bund zu flechten, und das erfuhren auch die *Passat*-Leute auf dieser Fahrt. Vor dem Eingang zum Englischen Kanal drehte der Wind auf Nordost und setzte sich für sechs Tage und Nächte fest. Das war der eigentliche Grund, warum die *Passat* erst am 7. April Lizard passierte, nach 97 Tagen auf See. So schlecht war die Zeit nicht, die sie gebraucht hatte, aber das interessierte keinen Reeder. Er, Laeisz, gab den Kapitänen starke Schiffe, damit sie schnelle Reisen machten.

DIE SIEBENTE REISE

Kapitän: H. Raun
1. Offizier: Eilert Müller, 2. Offizier: Robert Clauß, 3. Offizier: Otto Brinkmann

17. Juni	1924	Der Viermaster *Passat* wird beladen mit Zement, Koks und Stückgütern elbabwärts geschleppt. Ziel der Reise sind die Häfen in Chile.
22. Juni	1924	Schiff passiert bei sommerlichen leichten Winden Dover.
24. Juni	1924	Der Englische Kanal liegt mit Passieren Lizards hinter dem Windjammer.
1. Oktober	1924	Fall Anker auf der Reede von Talcahuano nach 68 Tagen auf See, von Lizard aus gerechnet. Weitere Löschplätze sind San Antonio und Valparaiso. 7 Besatzungsmitglieder desertieren.
25. November	1924	Beladen mit Salpeter für Order Kanal segelt die *Passat* von der Reede Tocopilla heimwärts.
21. Februar	1925	Lizard wird nach 88 Seetagen passiert, und die Kanalpassage beginnt.
24. Februar	1925	Schiff macht fest im Löschhafen Antwerpen. Für die Rundreise brauchte die *Passat* 220 Tage.
17. März	1925	Schiff verläßt in Ballast Antwerpen.
20. März	1925	*Passat* erreicht Hamburg. Kapitän H. Raun, 1885 geboren, verließ die Reederei F. Laeisz und wurde Elblotse.

Ausgestiegen in Valparaiso

Erich Muszehl hatte bei der Reederei Laeisz schon als Matrose gefahren, bevor er sich auf der Heuerstelle um eine neue Chance bemühte. Er war auf dem Vollschiff *Peiho* gewesen, das im März 1923 beim Halsen in der Straße de Le Maire beim Kap San Diego strandete und einen Tag später auseinanderbrach. Die Besatzung konnte noch die Rettungsboote zu Wasser bringen. Rudernd erreichten die Männer schließlich New Years Island. Von dort aus brachte ein kleiner Regierungsdampfer die Schiffbrüchigen nach Buenos Aires. Sie kehrten von dort aus mit einem Passagierdampfer der Hamburg-Süd nach Hamburg zurück. Erich hatte zwei Brüder, und beide fuhren ebenfalls zur See. Mit dem Ältesten der als Matrose auf der *Gustav* fuhr, verstand er sich nicht so recht. Als auf der Heuerstelle ein Mann für die *Gustav* ausgerufen wurde, winkte Erich hastig ab, nicht aber als ein Matrose für die *Passat* verlangt wurde.

Kaum lag der Englische Kanal achteraus, waren das Frischfleisch und das frische Gemüse verbraucht. Der Speiseplan war so abwechslungsreich wie das Leben an Bord eines Windjammers auf Großer Fahrt. Zweimal in der Woche gab es Erbsen mit Salzspeck, zweimal Bohnen mit Salzfleisch, am Seemannssonntag, dem Donnerstag und dem richtigen Sonntag erhielt die Besatzung Dosenfleisch und Salzgemüse, sonnabends wurde Klippfisch gereicht oder dicke Graupen. Die beiden mitgenommenen Schweine wurden unterwegs gemästet und auf der Heimreise vom Koch geschlachtet. Jeden Sonntag, ob die Sonne vom Himmel in den Tropen brannte oder Rasmus Deck wusch, schenkte der Alte jedem Matrosen einen Köm ein. Die Schiffsjungen durften am Korken riechen.

Als Erich Muszehl im Logis seelenruhig sein Pfeifchen rauchte, bemerkte er, daß der aus Kiel stammende Leichtmatrose mit pechschwarzen Füßen in die Koje stieg. Erich stieß empört den Kollegen Rabe an und machte ihn auf die Schweinerei aufmerksam. Rabe blieb unbeeindruckt, er grinste nicht einmal, als er entgegnete: »Reg dich nicht auf, Kumpel, meine Füße sehen nicht anders aus!«

Weil solche Zustände an Bord nicht einreißen durften, wurden beide Dreckspatzen am nächsten Tag gesäubert, wobei sich alle Matrosen beteiligten. Danach war das Thema erledigt.

Drei Tage lang lag die *Passat* bei Kap Hoorn unter Sturmsegel beigedreht, und dreimal mußte eine neue Fock untergeschlagen werden, weil die eben aufgezogene der Sturm in Fetzen zerrissen hatte. Wenn Muszehl längs Deck hangelte, um die Tampen aufzuschießen, war er durch eine um den Bauch geschlungene Rettungsleine gesichert, die der Alte auf der Laufbrücke fest in seinen Händen hielt.

Sie rundeten das Kap der Stürme und ankerten vor Talcahuano. Die Arbeit auf See war eine, die Schufterei im Laderaum eine ganz andere Sache. Die Koksschaufelei strengte mehr an,

als im Orkan ein Segel zu bergen. Eilert Müller, dem 1. Offizier, zuständig für die Arbeit, ging alles viel zu langsam. Ein barsches Wort zog das andere nach sich. Schaufeln flogen gegen die Schotten. Es bestanden nur wenige Möglichkeiten, an Land zu kommen, aber Matrosen haben nicht nur Sehnsucht nach dem Meer, sondern mehr noch nach zärtlichen Umarmungen. Und weil Treue für eine gewisse Zeit käuflich ist, musterte Erich Muszehl aus Krankheitsgründen in Valparaiso ab. Gern ließ ihn der Alte nicht ziehen, aber es gab Krankheiten, die an Bord mit Bergers Teerseife nicht geheilt werden konnten. Robert Clauß, der als 2. Offizier an Bord war, besuchte einmal den Patienten im Krankenhaus, ließ schön grüßen, und dann hörte Muszehl nichts mehr von den Kumpels. Inzwischen hatte die *Passat* Valparaiso verlassen.

Als Erich Muszehl gesundheitlich wieder hergestellt war, suchte und fand er Zerstreuung in den Hafenkneipen bei den Schönen des Landes für wenige Pesos. Er war ja wieder herge-

---

*Noch zieht der Schlepper die Viermastbark,
aber die Segel stehen schon.*

*Die Besatzung der »Passat«
zum Gruppenbild vereint.*

stellt, das Leben ging weiter. Zusammen mit Willy Römer wartete er auf ein passendes Schiff, auf eine Chance. Die 1895 bei Joh.C. Tecklenborg gebaute Fünfmastbark *Potosi* lief Valparaiso an. Sie trug nun den Namen *Flora* an Bug und Heck, und im Mast wehte die Kontorflagge der chilenischen Reederei Gonzales, Soffia & Co. Sie zahlte eine bessere Heuer als Laeisz, das gab den Ausschlag für den Heuervertrag.

Als Matrose hatte Muszehl auf der *Passat* 80 Mark im Monat verdient, die chilenische Reederei bot ihm 20 Mark mehr und

nach erfolgter Reise in Hamburg eine Gratifikation von 200 Mark dazu.

Diese Bedingungen ließen ihn über das langsam verrottende Schiff hinwegsehen. Bei jedem harten Puster ging irgendetwas zu Bruch. Als die Fünfmastbark am 25. März in den Hamburger Hafen geschleppt wurde, lag die *Passat* bereits fest vertäut an den Dalben und wartete auf neue Order.

Erich Muszehl hatte seine Fahrzeit vor dem Mast voll und besuchte die Steuermannsschule.

DIE ACHTE REISE

Kapitän: Carl M. Brockhöft
1. Offizier: Robert Clauß, 2. Offizier: Gottfried Clausen, 3. Offizier: Carl Bois

24. April	1925	Unter Führung eines neuen Kapitäns verläßt die *Passat* bei günstigem Wind den Hamburger Hafen. Brockhöft ist einer der Schiffsführer, die bei Laeisz groß geworden sind. Er fuhr auf den Seglern *Potosi, Pampa* und *Ponape* als Offizier. Sein erstes Schiff als Kapitän war die *Pirna*. Bevor er die *Passat* übernahm, hatte er auf vier Reisen die Viermastbark *Priwall* geführt. Brockhöft, 1884 geboren, galt als die Zuverlässigkeit in Person.
28. April	1925	Die Kreidefelsen von Dover werden passiert.
31. Mai	1925	Linie geschnitten auf 24° West.
27. Juli	1925	Nach 92 Seetagen fällt der Anker vor Talcahuano.
7. August	1925	Nach Löschen einer Teilladung versegelt das Schiff nach San Antonio, anschließend nach Valparaiso.
30. August	1925	In Ballast verläßt die *Passat* den Hafen und steuert nordwärts zu einem der Salpeterhäfen.
6. September	1925	Fall Anker auf der Reede vor Caleta Buena. Nach Abgabe des Sandballastes beginnt die Beladung.
2. Oktober	1925	Die Viermastbark verläßt in den frühen Abendstunden die Reede und tritt bei schwachen, umlaufenden Winden die Heimreise an. Zum ersten Mal nach dem Krieg ist keiner der Matrosen desertiert.
21. Dezember	1925	Nach 80 Tagen erreicht die *Passat* den Englischen Kanal, eine ausgesprochen schnelle Reise. Und der Wind bleibt dem glücklichen Schiff treu.
23. Dezember	1925	Einen Tag vor Heiligabend ist die *Passat* in Antwerpen. Ein Teil der Besatzung feiert den Abend unterm Tannenbaum im Seemannsheim.
3. Februar	1926	Das Schiff verläßt in Ballast den belgischen Hafen und verholt nach Hamburg.
11. Februar	1926	Mit dem Festmachen der Trossen im Hamburger Hafen endet die Rundreise. Kapitän Carl M. Brockhöft schied im Januar 1931 aus den Diensten der Reederei. Er starb 1965.

In 10 Tagen um Kap Hoorn

Die *Passat* war scheinbar langsamer geworden. Die besten Etmale der ersten Reisen wurden nicht mehr erreicht. Am 4. Juli lief der Viermaster unter Vollzeug im schönsten Passat nur 238 Seemeilen. 10 Tage brauchten die Männer, um Kap Hoorn zu umrunden. Vier davon stürmte es ununterbrochen aus Südwest. Schneeböen fegten über den dahinstürmenden Windjammer und erschwerten jeden Handgriff in der Takelage. Der Wind brüllte in den Segeln, die Pardunen heulten und pfiffen. In der hohen, wilden See kam die Viermastbark nur langsam voran. Bedeckt mit zentimeterhohem Schnee sah sie aus wie ein glitzernder Eisberg. Die Wasser, vom Wind aus den Wogenkämmen gerissen, flogen wie spitze Nadeln in die Gesichter der Seeleute. Brecher stürzten über das gesamte Vorschiff. Es sah aus, als dränge das Meer über das Schiff. Und doch schafften sie die Umrundung, und das Meer atmete den Sturm aus. Sie hatten am 15. Juli den 50. Breitengrad erreicht, Kap Hoorn lag bezwungen hinter ihnen. Zögernd drehte der Wind auf Nordost und flaute ab. Auf dunkelblauem Wasser wiegte sich die Viermastbark in der langen Dünung.

An Bord wurde für die anstehende Hafenzeit gerüstet. Alle verfügbaren Hände wuschen Farbe oder waren mit sonstigen

Kapitän Carl Martin Brockhöft (1884–1965)

Treckkarte der »Passat« (8. Reise).

Reinigungsarbeiten beschäftigt. Überall standen Pfützen mit Seifenwasser und verbreiteten Nässe. Vom jüngsten Schiffsjungen bis hinauf zum Alten freuten sich alle auf den Hafen, freuten sich, bald wieder einmal festen Boden unter den Füßen zu haben. Noch mehr als dem Land fieberten die meisten der Post entgegen. Monatelang hatten sie nichts mehr von ihren Lieben gehört.

Und dann lag die *Passat* im Hafen, auf der Reede von Talcahuano, und die Männer des Schiffes konnten das Treiben auf den vor Anker liegenden chilenischen Kriegsschiffen bewundern. Da wurde exerziert und gedrillt, als ob es die Kaiserliche Marine sei. Noch größer als die Gastfreundschaft der Marineros war die der dort wohnenden Deutschen. Sie waren von rührender Liebenswürdigkeit den jungen Seeleuten gegenüber, die mit gutem Essen und Trinken verwöhnt wurden. Dieser Ausgleich zum Alltag an Bord war eine willkommene Abwechslung, denn die ganze Woche über mußten sie in den Laderäumen Zementfässer rollen und anschlagen. Bei der Hitze kostete das erheblichen Schweiß. Der Wasserverlust mußte abends ausgeglichen werden. Es gab viele Kneipen im Hafenviertel, und Brummschädel am nächsten Morgen waren keine Seltenheit.

Zehn Tage hatte die *Passat* auf dem Weg zur Westküste für die Umrundung Kap Hoorns gebraucht. Drei weniger waren es auf der Heimreise, aber das war nur natürlich, denn die vorherrschenden Westwinde machten die *Passat* schneller. Als die Viermastbark am 21. Dezember den Eingang zum Englischen Kanal erreichte, das Leuchtfeuer von Lizard über die Segel strich, als streichele es das Schiff, mußte der 2. Steuermann feststellen, daß kein Ersatz für das vollgeschriebene Meteorologische Tagebuch vorhanden war. Clausen schrieb die Fortsetzung auf das Deckblatt:

»Im Laufe der nächsten Wache fiel das Barometer stark ab. Der Wind nahm an Heftigkeit zu und erreichte nachmittags Stärke 8. Dann flaute es schnell ab, grobe, durcheinanderlaufende See. Drohende Bewölkung ringsum. Mittags am 22. Dezember stand das Glas auf 726 m / m. Nach Mitternacht holte der Wind in einer Bö nach Westnordwest und frischte schnell auf. Nachmittags wehte voller Sturm aus allen Knopflöchern. Das Glas stieg auf 743 m / m. Als die Sonne zögernd über den Horizont kroch, wurde es handiger. Das Schlimmste schien überstanden zu sein. Gegen 6.00 Uhr hatten wir zwar noch Windstärke 7, aber das war zu ertragen. Bei schönem klaren Winterwetter stieg das Glas auf 562 m / m.«

Kein Wort verlor der 2. Steuermann über das bevorstehende Weihnachtsfest, keine Silbe deutete Vorfreude an, Heiligabend im Hafen, vielleicht bei Muttern zu sein, aber Meteorologische Tagebücher sind für solche Gefühlsausbrüche auch nicht eingerichtet, es fehlt die entsprechende Rubrik.

Die neunte Reise

Kapitän: Eilert Müller
1. Offizier: Robert Clauß, 2. Offizier: Gottfried Clausen, 3. Offizier: Karl Bois

28. Februar	1926	Beladen mit Stückgut kann die Viermastbark endlich den Hamburger Hafen verlassen. Festes Eis auf der Elbe hatte die Ausfahrt immer wieder in Frage gestellt.
11. März	1926	Ushant passiert.
16. Juni	1926	Fall Anker auf der Reede von Corral. Via San Antonio geht es weiter nach Valparaiso.
19. August	1926	Beladen mit Salpeter verläßt die *Passat* den Hafen von Tocopilla mit Order für Lizard.
31. Oktober	1926	Nach 74 Seetagen erreicht die *Passat* Lizard.
5. November	1926	Fest im Löschhafen Nantes.
28. November	1926	In Ballast geht es heim nach Hamburg.
8. Dezember	1926	Ende der Rundreise.

Robert Clauß, links, als 1. Offizier auf der »Passat«. Er wird den Windjammer als letzter Kapitän von Hamburg nach Travemünde überführen.

Der Tod des Schiffsjungen

Am frühen Morgen des 16. Dezembers sollte die Viermastbark *Passat* vom Segelschiffshafen zum Baakenhafen, dem Ladeplatz, verholt werden. Kapitän Eilert Müller befand sich nicht an Bord, für ihn machte Paul Teschner Urlaubsvertretung. Beim Loswerfen der starken Verbindungstrosse des Schiffes von Land befand sich der 1. Offizier Robert Clauß auf der Back, während der 2. Offizier Gottfried Clausen die Leute auf der Poop kommandierte. Zu seiner Mannschaft gehörten ein Matrose und drei Schiffsjungen, während Clauß auf der Back nur einen Jungmann und drei Schiffsjungen zur Verfügung hatte. Eine der beiden Vorleinen war unter Aufsicht des 1. Offiziers losgeworfen und eingeholt worden. Nun sollte die zweite folgen. Wie es die Art von Robert Clauß war, ging das nicht ohne Gebrüll ab. Unter den Augen des strengen Schiffsoffiziers gaben sich die Schiffsjungen alle erdenkliche Mühe, ohne die einzelnen Arbeiten sinnvoll einordnen zu können. Hinter Clauß stand der keine 16 Jahre alte, aus Schlesien stammende Heinz Schwinge. Er sollte die noch auf dem Poller belegte Verbindungsleine loswerfen, eine mehr als zweizöllige, mit zahlreichen »Fleischhaken« versehene Drahttrosse. Sie war durch einen Ring am Dalben geführt. Heinz Schwinge warf die Trosse los, um sie ausrauschen zu lassen.

Plötzlich ein Schrei. Die auf der Back postierten Leute drehten sich um und sahen, daß sich der Junge mit dem rechten Bein in der klinkenreichen Trosse verfangen hatte und vor die Klüse gezogen wurde. Vergeblich stemmte er sich mit den Händen gegen die Reeling. Als der Junge Asche seinem Kameraden zur Hilfe eilte und ihn aus der gefährlichen Lage zu befreien versuchte, hielt er das abgerissene Bein in den Händen. Auch der Junge Nommensen war herbeigesprungen, alles zu spät. Der schwer verletzte Schiffsjunge wurde auf die Vorluke gebettet. Er wimmerte vor sich hin. Robert Clauß legte ihm einen Notverband an und vermied den Blick des Jungen. Kapitän Teschner beauftragte den Schleppdampfer *Willy Charles*, den Verunglückten schnellstens zu den Landungsbrücken zu schaffen. Kurz nach der Einlieferung im nahe gelegenen Hafenkrankenhaus starb der Schiffsjunge. Er hatte zu viel Blut verloren. Heinz Schwinge, der seine erste Reise machen wollte, kam über den Hamburger Hafen nicht hinaus.

Auf der anberaumten Seeamtsverhandlung bemängelte der Reichskommissar zwar, daß dieses Leinenmanöver nur durch einen Mann durchgeführt worden sei, obwohl mehr Leute zur Stelle hätten sein müssen, doch zu einer härteren Formulierung konnte er sich nicht durchringen. Die Reederei war schließlich schuld an diesem Unglück. Da der 1. Offizier Robert Clauß einen Matrosen aber nicht zur Hand hatte, der Bootsmann angeblich beim Ankerspill unabkömmlich gewesen war, konnte das Seeamt dem 1. Offizier eine direkte Schuld am Tod des Jungen nicht zur Last legen.

Über Weihnachten lag die Viermastbark im Hafen, auch Silvester wurde in Hamburg gefeiert, dann aber sollte es losgehen, auf Große Fahrt. Doch stark einsetzender Frost verhinderte mit starkem Eisgang ein Verlassen des Hafens. Nur Dampfer hatten eine Chance.

Der Viermaster liegt im Segelschiffshafen und wird auf die nächste Reise vorbereitet.

Die zehnte Reise

Kapitän: Eilert Müller
1. Offizier: Robert Clauß, 2. Offizier: Karl Bois, 3. Offizier: A. Johann v.d. Fecht

1. Januar	1927	Der 1894 in Ostfriesland geborene Eilert Müller bleibt Kapitän der *Passat*, die beladen mit Koks, Zement und Stückgut elbabwärts geschleppt wird. Starke, gelegentlich stürmische Winde zwingen den Kapitän, in der Elbmündung vor Anker zu gehen, um besseres Wetter abzuwarten. Vier Tage später dreht der Wind, die Viermastbark geht Anker auf und setzt Segel.
9. Januar	1927	Die Besatzung hat bei grimmiger Kälte alle Hände voll zu tun, um die Viermastbark in den Englischen Kanal zu bekommen. Widrige Winde zwingen zum ständigen Kreuzen. Endlich passiert die *Passat* die Hafenstadt Dover.
24. März	1927	Nach einem ganz normalen Reiseverlauf ankert die *Passat* vor Corral. Weitere Löschhäfen sind San Antonio und Valparaiso.
25. Mai	1927	Beladen mit Salpeter in Säcken, wobei Iquique und Caleta Buena angelaufen werden, begibt sich die Viermastbark auf die Heimreise.
9. August	1927	Nach nur 75 Tagen auf See läuft die *Passat* unter kleinen Segeln in die Elbmündung ein. Ende der 221 Tage dauernden Rundreise.

Treckkarte der »Passat«
(10. Reise).

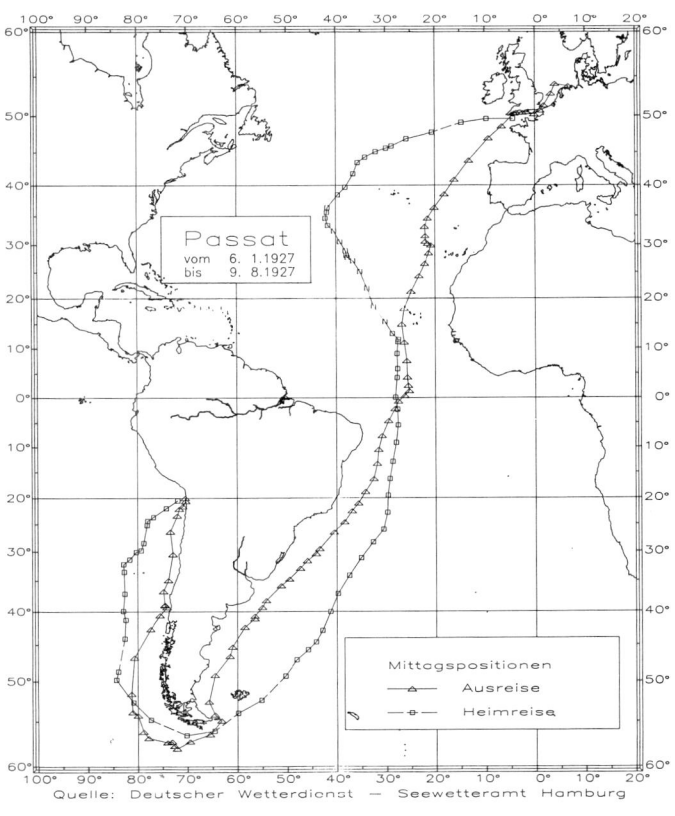

47

Von Valparaiso via Iquique nach Caleta Buena

Gelegentlich fuhren auch auf der *Passat* Passagiere mit. Einer von ihnen war der deutschstämmige Chilene Paul Ringe. Im Brief an seine Eltern berichtet er von der Überfahrt, von den vergeblichen Versuchen, Boniten zu angeln. »Stundenlang habe ich im Netz unter dem Bugspriet gesessen und geangelt. Als Köder diente ein im Wasser hängender Leinenlappen, gefangen habe ich aber nichts. Später bei Kap Hoorn habe ich wieder geangelt, aber keine Fische, sondern Kaptauben. Hierzu war nur eine gebogene Stecknadel, etwas Nähgarn und ein kleines Stück Speck auf der Nadel als Köder nötig, dazu nicht zu stürmisches Wetter. Das Essen war nur mäßig. Unser Hartbrot hatte Würmer, die Kartoffeln waren alle geworden. Als Ersatz gab es › Preserve ‹-Kartoffeln. Woraus diese bestanden, habe ich nie erfahren, gegessen habe ich sie nicht. Salzfleisch und Hartbrot waren unser Hauptessen. Einige klopften die Würmer heraus. Mir war das zu langweilig. Etwa fünf, sechs Tage haben wir bei Kap Hoorn vor den Untermarssegeln getrieben, dann ließ der Kapitän Segel setzen und zwar Obermarssegel, Fock- und Großsegel, Sturmbesan und die untersten Stagsegel. Der Sturm hatte meiner Ansicht nach nicht nachgelassen, aber er peitschte das Schiff durch. Hatten wir vorher schon viel Wasser an Deck gehabt, so bekamen wir jetzt noch viel mehr. Unterwegs trafen wir ein englisches und ein französisches Segelschiff. Der Engländer lag vor den Untermarssegeln, der Franzose vor Topp und Takel, hatte also überhaupt kein Segel stehen. Die mögen schön gestaunt haben, als wir mit dem Zeug mehr unter als über Wasser an

ihnen vorbeisegelten. Kapitän Müller sagte zum 1. Steuermann: › Die sagen nun, das ist wieder einer von den verrückten P-Linern ‹, womit sie Laeisz-Schiffe meinen. Zehn Tage kamen wir in Valparaiso früher an als die beiden fremden Schiffe.

Wir hatten einen Liegeplatz am Pier bekommen, wo eigentlich nur die Tanker anlegen. Alle anderen Segelschiffe lagen auf Reede vor Anker. Am Abend vor unserer Abfahrt bekam jedes Schiff und auch wir den üblichen › Three Cheers ‹. Am anderen Morgen ging es weiter nach Iquique. Die Fahrt dauerte nicht lange. Seit auf der Mitte der Insel ein eiserner Leuchtturm steht, bereitet die Ansegelung keine Schwierigkeiten mehr. Der Turm ist weiß gestrichen und trägt eine grüne Kuppel. Schiffe, die den Ankerplatz vor Sonnenuntergang nicht erreichen, bleiben am besten die Nacht über in südwestlicher Richtung des Feuers liegen, da es abends unter Land gewöhnlich windstill wird. Versucht ein Kapitän trotzdem einzusegeln, läuft er Gefahr, durch die herrschende Strömung mit seinem Schiff nach Norden am Hafen vorbei zu treiben. Im Hafen liegen die Schiffe in mehreren Reihen mit dem Kopf nach Westen gerichtet vor eigenem Buganker und 60 Faden Kette. Um zu vermeiden, daß bei wechselnden Winden die Schiffe durcheinanderschwojen, mußte ein Heckanker ausgebracht werden. Der uns auf den Ankerplatz begleitende Hafenlotse ist zugleich Eigentümer der Anker- und Ballastlanschen. Beim Laden achtete der einheimische Stevedore auf das fachgerechte Stauen der schweren Salpetersäcke. Der Rest der Ladung wurde in dem rund 15 Seemeilen nördlich von Iquique gelegenen Caleta Buena eingenommen. Von Iquique fährt eine Bahn in steilen Serpentinen zu den Salpetergruben hinauf, in Caleta Buena geht es noch steiler hinauf zu den Gruben. Hier wird der Salpeter mit einer Drahtseilbahn befördert. Ansonsten ist die Gegend mehr als trostlos.

Der Abschied von den Offizieren der *Passat* und dem Kapitän fiel mir dennoch nicht leicht, andererseits war ich froh, wieder festen Boden unter den Füßen zu haben.«

Die elfte Reise

Kapitän: Eilert Müller
1. Offizier: Peter Callsen, 2. Offizier: Willy Jepsen, 3. Offizier: Fritz Werner

14. Oktober	1927	Nach erfolgtem Umbau zum Segelschulschiff auf der Hamburger Werft Blohm & Voß verläßt die *Passat*, beladen mit Stückgut für Chile, den Hamburger Hafen. An Bord befinden sich 72 Mann, erfahrene Seeleute und Schiffsjungen, die Schiffsoffiziere werden wollen. Im Schlepp geht es elbabwärts. Viele Menschen stehen am Ufer bis Blankenese und winken der Viermasterbark nach.
19. Oktober	1927	Dover wird passiert. Den Schiffsoffizieren fällt der stark angestiegene Dampferverkehr auf.
22. Oktober	1927	Lizard, am Ausgang des Englischen Kanals, wird passiert.
3. Januar	1928	Nach 73 Tagen auf See ankert das Schiff vor Corral. Weitere Löschhäfen auf dieser Reise sind Talcahuano, San Antonio und Valparaiso.
22. Februar	1928	Die mit Salpeter beladene Viermastbark verläßt die Reede von Tocopilla bei schwachen Winden aus wechselnden Richtungen.
19. Mai	1928	Nach 87 Seetagen wird Lizard querab gepeilt.
25. Mai	1928	Ende der Rundreise nach 223 Tagen im Hamburger Hafen.

Taufschein des Schiffsjungen Gustav Zulage auf den Namen »Butt«.

Erste Reise als Segelschulschiff

Ab 1925 drohte der Salpeterfahrt ein Verhängnis, weil die Herstellung von künstlichem Salpeter ausgebaut und billiger wurde. Zu den Fabriken in Norwegen gesellten sich leistungsfähige deutsche Anlagen. Noch gab sich die Reederei Ferdinand Laeisz nicht geschlagen. Bislang hatten die deutschen Reeder an dem bewährten Grundsatz festgehalten, den nautischen Nachwuchs auf Segelschiffen auszubilden. Doch es mangelte zunehmend an geeigneten Fahrzeugen. Laeisz übernahm das vom Norddeutschen Lloyd erprobte Modell von Ladung fahrenden Segelschulschiffen und bestellte ein solches Schiff 1926 bei Tecklenborg an der Weser. Außer der Stammbesatzung bot die *Padua* ausreichend Raum für rund vierzig Jungen unter der langgezogenen Poop. Für das Schiff gab es genügend Bewerber, mehr, als man mitnehmen konnte. Weil die Testreise erfolgreich verlief, entschloß sich die Reederei, auch die Viermastbarken *Priwall*, *Peking* und *Passat* für die Schiffsjungen-Ausbildung umzubauen. In sämtlichen Publikationen heißt es, die *Passat* sei 1925 zum Segelschulschiff umgebaut worden. Das ist nicht möglich, die kurze Aufenthaltszeit zwischen den entscheidenden Reisen läßt diese Maßnahme nicht zu.

Heinrich Niemeyer kam mit acht anderen Leichtmatrosen vom Segelschulschiff *Großherzogin Elisabeth* auf die Viermastbark *Passat*. Für sie begann nach der einen Schulschiffzeit der Ernst des Lebens. Für die im Achterschiff untergebrachten Kadetten hatten sie nur herablassende Blicke. Bewußt sich in den schmalen Hüften wiegend, stiefelten sie über Deck, jeder ein Seemann, wie er im Buche steht. Auffällig war bald, daß sich der Alte nicht mit seinem Stellvertreter verstand. Peter Callsen hatte auf dem Rotorschiff *Barbara* gefahren, diesem Zwitter eines Schiffes, aber er ließ sich nicht beirren, den Flettner-Antrieb über Gebühr zu loben. Außerdem war bei Robert Slomann alles besser gewesen. Eilert Müller war mit Leib und Seele Segelschiffsmann und stammte aus der Schule der Reederei Laeisz. Er verstand es, das Bestmögliche aus dem Schiff und den Leuten herauszuholen, ohne sie zu überfordern. Die Matrosen, besonders die Leichtmatrosen profitierten von der neuen Rolle des Schiffes, mußten sie doch jetzt nicht mehr die unbeliebtesten Arbeiten an Bord ausführen. Sie kamen sich gelegentlich wie Halbgötter vor. Auch die Verpflegung war, dank der hinzugekommenen zahlenden Kadetten und des tüchtigeren Koches, etwas besser geworden als auf den Reisen zuvor.

Bei den Azoren wurden schon die ersten Vorbereitungen für die Äquatortaufe getroffen. Am Abend vor der Linienüberquerung wurden alle Täuflinge an Deck geholt. Zunächst vergnügte sich alles beim Tanz bei Ziehharmonika, Geigen, Pauken und Mondschein. Plötzlich brach die Musik ab. Die große Glocke schlug an und der Ausguck meldete: »Feuer an Back-

Eine Wache will hoch hinaus.

bord!« Stille trat ein. Jedes Gespräch verstummte. Triefend naß kletterte der Vorbote Neptuns über die Reeling. Ehrfurchtsvoll machte die Menge Platz, und mit gewaltigen Schritten begab sich Neptuns Vorbote auf das Brückendeck, wo Kapitän und Offiziere seiner harrten. Dort verkündete er das morgige Erscheinen seines Gebieters. Noch standen die Täuflinge erwartungsvoll, aber auch nichtsahnend da und hörten ergriffen zu, als sechs wüst aussehende Kobolde angetanzt kamen und sie mit Salzwasser bespritzten. Nicht genug damit. Plötzlich hatten alle Teufel Tampen in den Pfoten und prügelten unbarmherzig auf die Jungen ein. Mancher trug mehr als nur blaue Flecken davon. Grimmig lachend stand der Bote auf dem Brückendeck und schaute zu. Er drohte, morgen wiederzukommen, bevor er sich zurückzog. Mit gemischten Gefühlen verschwanden die Ungetauften in ihren Logis und legten sich noch einmal als schmutzige Söhne des Nordens zum Schlafen.

Um 11.00 Uhr am nächsten Tag war Arbeitsschluß. Keinem der Täuflinge wollte das Essen so recht schmecken. Nach dem Mittagsbrot durfte niemand von ihnen mehr nach vorn, wo emsige Vorkehrungen für die eigentliche Taufe getroffen wurden. Die Täuflingsaspiranten hockten im Logis und versuchten ihre Lage mit Galgenhumor zu bessern.

Doch wer kreischte da und brüllte an Deck? Und plötzlich waren sie wieder da, die Prügelknaben mit den Tampen in den Händen und droschen die »Dreckspatzen« aus dem Logis hinaus an Deck.

Kohlschwarz waren sie und sahen furchterregend aus, nur mit einem Schurz aus altem Tauwerk bekleidet.

Auf der Luke saß Neptun mit seiner Gemahlin auf festlich geschmücktem Thron. Um sie herum versammelt die Vollzieher der heiligen Handlung: der Arzt, der Astronom, der Barbier und der Herr Pastor. Alle in fabelhafter vollkommener Aufmachung, besonders Thetis, Neptuns Gemahlin war glänzend dargestellt, so daß einige zweifelten, ob unter der Aufmachung wirklich einer der schon getauften Kameraden steckte und nicht vielleicht doch ein an Bord geschmuggeltes Mädchen.

Nachdem der Kapitän und die Offiziere mit kleinen Spottgedichten und Geschenken bedacht worden waren, begann die eigentliche Taufe. Vorher wurden noch einige »Glanznummern« aufgerufen, Leute, die sich bei den Herren Matrosen besonders unbeliebt gemacht hatten. Sie hatten die Ehre, die Zeit bis zu ihrer »Reinigung« im Schweinestall bei den Säuen zu verbringen. Für jeden schlug die Stunde mit dem namentlichen Aufruf durch den Polizei-General. Was folgte, war schlimm genug. Am schlimmsten schmeckte die edle Speise, hergestellt aus Curry, Mostrich, Schmiere, Talg, Salzwasser und Hühnerdreck. Kniend und würgend geriet der Täufling in die Hände des Barbiers, der je nach Einfall das Haupthaar stutzte. Jeder landete zum Schluß im mit Salzwasser gefüllten großen Taufbecken und mußte so lange mit dem Kopf unter Wasser gehalten werden, bis er nach Luft schnappend Wasser schluckte.

Ein letzter Hieb noch auf den Hintern, wenn er denn da auch traf, und vorbei war die Feier. Nicht jeder fand das spaßig, besonders die nicht, die sich wehrten. Sie hatten wirklich zu leiden und zeigten noch Tage danach ihre blauen Flecken. So mancher Stolz war gebrochen worden, und vielleicht tat das noch mehr weh als der körperliche Schmerz.

Ansonsten verlief die Reise ruhig und glich einer Vergnügungsfahrt mit dem Alsterdampfer, wären nicht die Furunkel gewesen, die manchem der Seeleute böse zu schaffen machten. Eilert Müller, der solche Probleme geschickt mit dem Messer schneidend aus der Welt schaffte, schüttelte angesichts Heinrich Niemeyers Furunkel entsetzt den Kopf. Da traute auch er sich nicht heran. »Das kann nur ein richtiger Arzt machen«, entschied er und brachte ihn und einen Matrosen ins San Antoni-Hospital Allemann. Dem Bereitschaftsarzt verschlug es zunächst die Sprache, als der Kapitän der *Passat* ihn aufforderte, die Männer umgehend wieder herzustellen. Als sich der Doktor gefaßt hatte, brüllte er Eilert Müller an, daß der Herr Schiffskapitän in seinem Hospital überhaupt nichts zu sagen habe. Als dann der Alte noch zu hören bekam, daß in der 3. Klasse kein Bett frei sei, wäre er fast vor Wut geplatzt. Am liebsten hätte er die beiden Patienten unbehandelt wieder mit auf die *Passat* geschleift, denn für solche Kosten mußte die Reederei aufkommen. Wie sollte er das in Hamburg rechtfertigen? Doch er wagte es nicht, und so blieb der junge Leichtmatrose eine Woche lang in der Obhut der freundlichen Krankenschwestern, während der Matrose am nächsten Tag an Bord mußte. Der 1. Steuermann holte ihn einfach ab, auf Befehl des Kapitäns.

Als Heinrich Niemeyer aus dem Krankenhaus entlassen wurde, war die *Passat* längst weitergesegelt. Mit einem kleinen Küstendampfer fuhr Niemeyer als Deckspassagier der *Passat* nach und lernte auf dieser Fahrt jeden Hafenplatz auf der Strecke kennen. Eine Woche brauchte der Dampfer bis nach Tocopilla. Die Zeit war für den jungen Seemann abenteuerlicher verlaufen als die Umrundung Kap Hoorns mit der Viermastbark. Trotzdem war er froh, sich wieder zum Dienst melden zu können. Ein paar Tage später war das Schiff mit Salpeter beladen. Die Segel wurden gesetzt, es ging heimwärts, und alle an Bord waren bester Stimmung.

Ein Schwein zu schlachten ist nicht jedermanns Sache. Ein guter Segeloffizier aber muß auch das können.

DIE ZWÖLFTE REISE

Kapitän: Eilert Müller
1. Offizier: Willy Jebsen, 2. Offizier: Fritz Werner, 2. Offizier: Johannes Richter, 3. Offizier: Paul Schilling

15. August	1928	Beladen mit Stückgut wird die *Passat* elbabwärts geschleppt. Die zweite Ausbildungsreise als Segelschulschiff beginnt. Infolge des ungünstigen westlichen Windes kann der Schlepper erst hinter Helgoland entlassen werden.
24. August	1928	Leuchtturm Dungeness querab. Der Windjammer kollidiert mit dem französischen Dampfer *Daphné*.
27. August	1928	Um die Kollisionsschäden beheben zu lassen, läuft die *Passat* Rotterdam als Nothafen an.
2. September	1928	Nach Beendigung der Reparaturen verläßt die Viermastbark den niederländischen Hafen und setzt die Reise nach Südamerika fort.
7. September	1928	Lizard wird passiert.
6. Dezember	1928	Nach 90 Seetagen ankert die Viermastbark vor Talcahuano. Weitere Löschhäfen sind San Antonio und Valparaiso. In Ballast versegelt das Schiff nach Caleta Colosa.
8. Dezember	1928	Rolf Walter und Werner Mohn desertieren in Talcahuano.
11. Januar	1929	Beladen mit Salpeter in Säcken verläßt die *Passat* den chilenischen Hafen und tritt die Heimreise an.
4. März	1929	Tagebucheintragung des Kapitäns: Das Schiffstagebuch ist der Ausweis des Schiffes und muß entscheidend sorgfältiger geführt werden. Müller.
4. Mai	1929	Lizard wird nach 114 Tagen auf See querab gepeilt.
7. Mai	1929	Die *Passat* erreicht den niederländischen Hafen Delfzyl.
25. Mai	1929	Nach Löschen der Ladung verläßt die *Passat* im geschleppten Zustand Delfzyl.
27. Mai	1929	Das Schiff macht im Hamburger Hafen fest und wird für eine neue Reise vorbereitet.

Von Delfzyl geht es im Schlepp die Elbe rauf nach Hamburg. Die vorderen Royalrahen liegen an Deck, das Schiff hat nur wenig Ballast übernommen.

Kollision im Englischen Kanal

Drei, vier, fünf Tage waren die Norm für einen Großsegler, um von der Elbmündung aus den Englischen Kanal zu erreichen. Mancher gab beim Versuch auf und segelte um Großbritannien herum. Auf dieser Reise standen die Sterne für die *Passat* nicht günstig, der Westwind heulte in der Takelage und hielt den Segler schon auf der Elbe fest. Und doch ging es vorwärts.

Um Mitternacht am 24. August wurde das Feuer von Dungeness fast querab gepeilt, zu sehen war auch das Feuer vom Feuerschiff *Royal Souvereign*. Es war eine klare, feuersichtige Nacht mit angenehmen Temperaturen. Das Schiff lag auf Steuerbordhalsen am Wind, der mäßig aus Westsüdwest wehte. Auf dem Hochdeck befand sich der wachhabende Offizier Alwin Richter. Ihm assistierte der 2. Offizier Fritz Werner. Kapitän Müller hielt sich im Kartenhaus auf und betrachtete eingehend die ausgebreitete Seekarte. Das Schiff lief unter Vollzeug etwa 5 Knoten. Mitternacht war vorbei, die neue Wache aufgezogen, als gegen 1.40 Uhr am 25. August etwa drei Strich an Steuerbord voraus die beiden Topplampen eines auf kreuzendem Kurs entgegenkommenden Dampfers gepeilt wurden. Wie vorgeschrieben hielt die *Passat* Kurs und Geschwindigkeit bei, denn ausweichpflichtig war der Dampfer.

Kurz vor 2.00 Uhr wurde zwischen den Topplampen auch die schwächere rote Seitenlampe ausgemacht. Gefahr drohte. Sofort eilte der 2. Offizier Richter auf die Back, um sich vom Brennen der eigenen Petroleumleuchten in ihren Feuertürmen zu überzeugen, während sein Kollege Werner eifrig Signale mit der Morselampe abgab. Er wollte die Aufmerksamkeit auf die *Passat* lenken. Doch nichts deutete darauf hin, daß dem drüben Rechnung gezollt wurde. Als sich beide Fahrzeuge so weit genähert hatten, daß sie nur noch zwei Schiffslängen trennte, ließ der Wachhabende das Ruder hart Backbord legen in der Hoffnung, daß der Dampfer nach Steuerbord drehen würde. Ein Anluven der *Passat* schien nicht mehr möglich. Kurz danach erfolgte die Kollision in einem Winkel von 80°. Der Steven der *Passat* rammte den unbekannten Dampfer mittschiffs. Ein Ruck ging durch die Viermastbark, es war, als ob sie gegen einen Felsen gelaufen wäre. Nach dem Zusammenstoß wurde die *Passat* herumgerissen. Unmittelbar danach erschien Kapitän Eilert Müller an Deck. Fassungslos lief er nach vorne, um sich von den entstandenen Schäden am Schiff zu überzeugen. Die *Passat* saß mit dem Steven im Dampfer fest. Trockenen Fußes konnte die gesamte Crew der *Daphné*, so hieß der Kollisionsgegner, auf die Viermastbark überklettern. Nachdem alle Leute an Bord waren, ließ Kapitän Müller den Vortopp back brassen, um vom langsam sinkenden französischen Dampfer freizukommen. Peilungen auf der *Passat* ergaben, daß die Vorpiek stark Wasser machte, während die Laderäume dicht geblieben waren.

Der Kapitän entschloß sich, die Reise nicht fortzusetzen. Sie steuerten die Reede von Dungeness an, um bei Tag die angerichteten Schäden genau festzustellen. Auf der Reede wurde die schiffbrüchige Mannschaft mit dem Lotsenboot an Land gebracht. Kapitän Alain Cavelan bedankte sich überschwenglich bei seinem deutschen Kollegen für die erwiesene Gastfreundschaft. So ein Versehen konnte schließlich jedem Kapitän zustoßen. Der 1911 in Sunderland gebaute Dampfer *Daphné* befand sich, beladen mit 2 000 Tonnen Eisenerz, auf dem Wege nach Gent. Die erste Vernehmung der 21köpfigen Besatzung vor dem französischen Generalkonsulat in London brachte keine Klarheit und keine Anhaltspunkte für die auf deutscher Seite favorisierte Auffassung, daß sich zum Zeitpunkt der Kollision keiner der Offiziere auf der Brücke des Dampfers befunden habe. Das wollten Zeugen aus Unterhaltungen der französischen Offiziere an Bord der *Passat* herausgehört haben.

Nachdem sich herausgestellt hatte, daß die der *Passat* zugefügten Schäden schwerer waren als zunächst angenommen, brach der Kapitän die Reise ab. Ein herbeigeordneter Schlepper zerrte die lahme Viermastbark nach Rotterdam, wo die Schäden beseitigt wurden. Nach Meinung mancher der älteren Matrosen hätte der Werftaufenthalt länger sein können. Kaum hatten sie sich eine »feste« Freundin angelacht, schon mußten sie wieder Abschied nehmen. Am Mast wehte der Blaue Peter. Diesmal kamen sie glatt durch den Englischen Kanal. Als sie den Ausgang erreichten, atmeten alle an Bord erleichtert auf. Weil auf der letzten Reise einige Zöglinge bei der Äquatortaufe nach Auffassung der Eltern fürchterlich mißhandelt worden waren, untersagte Kapitän Müller beim Überqueren der Linie die Prozedur. Ungereinigt kamen die Neuen auf den südlichen Teil der Erdkugel. Das konnte nicht gut gehen, unkten einige der erfahrenen Seeleute.

Zu einer »Kollision« besonderer Art kam es während der Fahrt auf der *Passat* selbst, denn auf dem Hochdeck gerieten der 1. Offizier Jebsen und der Kapitän in einen heftigen Wortwechsel. Danach degradierte der Alte seinen Stellvertreter zum Passagier. Etwa 14 Tage lang sonnte sich Willy Jebsen in seiner Hängematte an Deck und faulenzte, beneidet vom Rest der Besatzung. Schließlich einigten sich die beiden Männer, und der 1. Offizier nahm seinen Dienst wieder auf.

Das Seeamt Hamburg kam am 1. Juni 1929 zur Überzeugung, daß die Alleinschuld an der Kollision im Kanal bei dem französischen Dampfer zu suchen sei. Zu dieser Zeit befand sich Kapitän Eilert Müller schon wieder auf See, aber nicht mit der *Passat*. Auch Willy Jebsen fuhr nicht wieder mit. Die Reederei versetzte ihn nach Afrika auf eine der firmeneigenen Plantagen.

Die dreizehnte Reise

Kapitän: Hans Rohwer
1. Offizier: Hans Krämer, 2. Offizier: Leo Süppel, 3. Offizier: Rudolf Tofern, 4. Offizier: Jochen Schommartz

20. Juni	1929	Beladen mit Stückgut verläßt die *Passat* den Hamburger Hafen. Bei Helgoland kann der Schlepper entlassen werden.
24. Juni	1929	Dover wird passiert. Kurz danach erfolgt die Kollision mit dem britischen Dampfer *British Governor*. Beide Schiffe können, obgleich schwer beschädigt, Nothäfen anlaufen.
27. Juni	1929	Im Schlepp erreicht die Viermastbark Rotterdam, um die Kollisionsschäden beheben zu lassen.
18. Juli	1929	Die Viermastbark kann endlich die Reise nach Chile fortsetzen. Um jedes Risiko zu vermeiden, wird der Windjammer durch den Englischen Kanal geschleppt.
22. Juli	1929	Lizard wird passiert.
8. September	1929	Der 1910 in Kistriz geborene Arthur Kluge stürzt aus der Takelage und stirbt.
30. September	1929	Nach 73 Tagen auf See, ab Lizard gerechnet, geht die *Passat* auf der Reede von Talcahuano vor Anker. Weitere Löschhäfen sind San Antiono und Valparaiso.
12. November	1929	Beladen mit Salpeter in Säcken beginnt die Heimreise des Segelschulschiffes.
16. Februar	1930	Lizard wird nach 96 Tagen auf See passiert.
21. Februar	1930	Fest im Hafen Gent, Belgien.
12. März	1930	Nach Löschen der Ladung verläßt das Schiff Gent.
17. März	1930	Die *Passat* macht im Hamburger Hafen fest und wird für die nächste Reise vorbereitet.

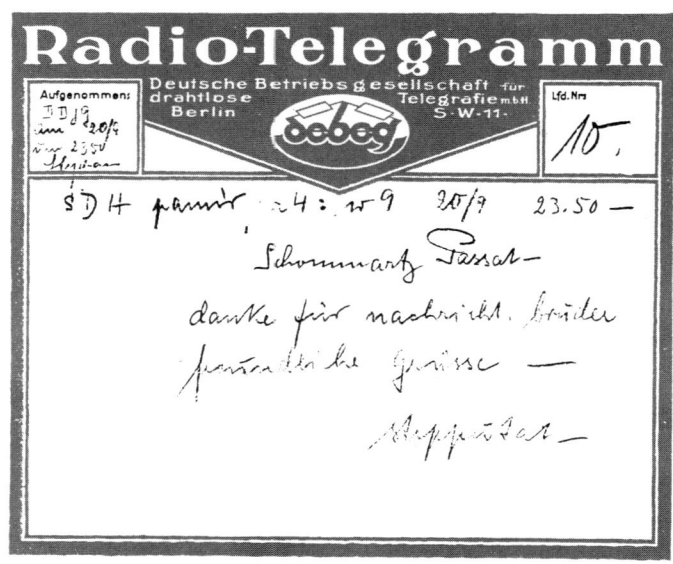

Radio-Telegramm von der Viermastbark »Pamir« an die »Passat«

Zusammenstoß mit einem Dampfer

Das Seeamt Hamburg trat am 21. März 1930 zusammen, um über die Kollision der *Passat* mit dem englischen Dampfer *British Governor* zu verhandeln. Nach mündlicher Auseinandersetzung gab das Seeamt folgenden Spruch ab: »Der erfolgte Zusammenstoß ist auf ein unverständliches Backbordmanöver des englischen Dampfers zurückzuführen. Die Führung der *Passat* trifft keine Schuld an dem Unfall. Tatbestand: Die in Hamburg beheimatete Viermastbark wird geführt von dem Kapitän Hans Johannes Rohwer. Der in London beheimatete Dampfer *British Governor* steht im Eigentum der British Tanker Co. Ltd. Der 1926 in Newcastle erbaute Dampfer ist zu 6838 BRT vermessen. Die *Passat* passierte am 25. Juni um 1.45 Uhr *Royal Sovereign* Feuerschiff in 2 Seemeilen Abstand. Das Schiff machte eine Fahrt von 6 bis 7 Knoten, bei mäßigen Winden aus nördlicher Richtung. Um 1.30 Uhr kam ein Dampfer zirka 3 Strich an B.B. voraus in Sicht, anscheinend auf nordöstlichem Kurs liegend. Das Fahrzeug zeigte zuerst sein grünes Seitenlicht. Der 2. Offizier Süppel überzeugte sich persönlich davon, daß die Positionslampen der *Passat* gut und hell brannten. Kapitän Rohwer war auf der Brücke und hat ebenso wie der 2. Offizier beobachtet, daß der entgegenkommende Dampfer nach einiger Zeit nach Steuerbord drehte und nunmehr sein rotes Seitenlicht zeigte.

Die Topplampen, welche vorher ein wenig südlich offen gewesen waren, drehten durch und öffneten sich nach der anderen Seite. Da die Lage hiernach klar erschien, ist der Kapitän in seine Kammer gegangen, um ein Telegramm an die Reederei aufzusetzen. Der 2. Offizier Süppel war ebenfalls der Überzeugung, daß der Dampfer den Segler gesehen habe und instruierte den 4. Offizier dahin, daß ein Abbrennen von Blaufeuer nicht mehr nötig sei.

Plötzlich sah der 2. Offizier, daß der Entgegenkommer, als er schon 6 Strich an Backbord stand, wieder nach Steuerbord drehte, ohne Signal zu geben. Es wurde sofort ein Blaufeuer abgebrannt, um den Dampfer zu warnen, der aber drehte immer mehr, so daß er zuletzt fast quer zur Kurslinie der *Passat* steuerte.

Um die drohende Kollision abzuschwächen, wurde auf der *Passat* noch versucht, nach Steuerbord abzudrehen, doch ist dieses Manöver kaum noch zur Wirkung gekommen. Nach erfolgter Kollision schwang der Dampfer ganz herum, so daß er in derselben Richtung längsseits der *Passat* lag, zuvor mit dem Heck noch die Bagien und den vorderen Davit auf dem Achterschiff streifte. Durch die Gewalt des Stoßes wurde die *Passat* durch den Wind gedrückt. Kapitän Rohwer hat das Schiff, nachdem die Fahrzeuge sich getrennt hatten, auf Gegenkurs gelegt und ist nach Rotterdam zurückgesegelt.

Nach Mitteilung des Germanischen Lloyds waren der *Passat* der Oberteil des Vorstevens, mehrere Vorstevenplatten, Span-

Nach erfolgtem Zusammenstoß mit einem englischen Dampfer läuft die »Passat« in Rotterdam ein.

ten, Stringer und Decksbalken beschädigt. Auch war der Bugspriet mit der verbundenen Takelage beschädigt. An Backbordseite waren einige Schergangsplatten leicht verbeult.

Da der Außenhautschaden an Backbord im Raum II nicht in Rotterdam repariert werden konnte, wurde dem Schiff durch einen Besichtiger des Germanischen Lloyds eine Seefähigkeit für die Reise nach Südamerika und zurück nach Hamburg erteilt.

Der Vertreter der Reederei Laeisz, Kapitän Boye Petersen, hatte erklärt, daß es nicht gelungen sei, herauszubekommen, wodurch die Schiffsleitung des englischen Dampfers zu ihrem unverständlichen Manöver veranlaßt worden sei. Die englische Reederei habe sich aber bereit erklärt, für alle Kosten aufzukommen.«

Vorbereitung auf Kap Hoorn

In Briefen nach Hause berichtet der am 18. August 1929 auf den Namen »Seeschlange« getaufte Schiffsjunge über die Vorbereitungen auf die Kap Hoorn-Umsegelung:

»Ich hatte eigentlich vor, von der Äquatortaufe Aufnahmen zu machen, mußte jedoch darauf verzichten, weil mein Magen streikte. Na, jedenfalls habe ich meinen Taufschein, und ich habe ihn gar sauer verdient. Ich habe mir allein 6mal die Zähne geputzt, um den Geschmack loszuwerden, ohne Erfolg.

Sonntag (25. August): Heute habe ich den ganzen Tag an meinem Spind und an meiner Koje 'rumgebastelt. Jetzt ist alles fein und zweckmäßig eingerichtet. Wir haben herrliches Wetter, günstigen achterlichen Wind. In drei Wochen werden wir wohl an Kap Hoorn sein.

Montag (26. August): Leider hat das Deckscheuern heute unter der Back seine Fortsetzung gefunden. Wir haben wieder 8 Stunden gescheuert, aber mit der Zeit gewöhnt man sich auch an diese Tätigkeit. Wir werden jetzt fast in jeder Nachtwache abgehört, ob wir in der Takelage Bescheid wissen. Ölzeug und Seestiefel werden einer Prüfung auf ihre Brauchbarkeit unterzogen, alles schon Vorbereitungen für die Sturmwochen an der Hoorn, die uns erwarten.

Mittwoch (28. August): Der Morgen weckte uns mit dem schönsten Sauwetter. Es regnet in Strömen, und eine sehr steife Brise jagt uns mit 12 Knoten der Hoorn entgegen. Die Wellen sind schon ziemlich groß, wir kriegen einen Brecher nach dem anderen über, so daß die Arbeit an Deck eingestellt werden muß. Wir haben heute die Strecktaue, die zum Festhalten kreuz und quer über Deck gespannt werden, angebracht. Zwischen den Wanten über der Reeling haben wir Netze angebracht, die einem Überbordspülen vorbeugen sollen. Alles das sind schon Vorbereitungen auf die Stürme, die uns erwarten. An Deck ist es äußerst ungemütlich, kalt und naß. Wir sind ja auch im Winter, hier auf dem 30. Breitengrad. Heute Mittag am Ruder sah ich einen wahrhaft riesigen Walfisch, der halb aus dem Wasser ragend, mit lautem Prusten unser Schiff in majestätischer ruhiger und doch blitzschneller Fahrt überholte. Abend 8 Uhr: Der Wind wird immer stärker, es gießt in Strömen, alle Schotten und Bullaugen sind fest verrammelt.

Sonntag (1. September): In den letzten Tagen bin ich nicht zum Schreiben gekommen, es war unmöglich, in der Freiwache etwas anderes zu tun als zu schlafen. Wir haben den ersten schweren Sturm hinter uns, ein Pampero, der uns bis Sonnabend bös zu schaffen machte. Unsere sämtlichen drei Untersegel und noch einige Stagsegel sind dabei zum Teufel gegangen. Ach, ihr im Binnenland wißt ja nicht, was Wind ist! Es klingt wie ein Märchen, wenn ich erzähle, man kann überhaupt nicht atmen, wenn man das Gesicht in den Sturm hält. Die Wellen sind bis in die Marsrah, die zweiten von unten hinaufgespritzt. An Deck haben wir bis an die Knie im Wasser gestanden, das nebenbei gesagt hundekalt ist. Und dazu wahnsinnige Regengüsse, daß man buchstäblich Wasser dabei schluckt und überhaupt nichts sehen kann. Am gemeinsten und gefährlichsten ist aber, wenn so ein Untersegel zum Teufel geht. Dann saust nämlich die ganze Takelage, die dazu gehört, die zweizölligen Drähte und Taue, die schweren Blöcke wie wahnsinnig durch die Luft und schlägt alles kurz und klein. Wehe dem, der mit so einem Block in nähere Berührung kommt. Einem von unserer Wache ist so ein Tau um die Ohren geflogen, und ein Schlag und er lag 10 Meter weiter mit zerschlagener Nase im Wassergraben, in Gefahr, an Deck zu ersaufen. Und zudem alles in stockfinsterer Nacht. Unser Pott jumpte wie wild, in der Messe und in den Logis herrschte ein Tohuwabohu, alles war umgefallen, lag zerstreut umher. In der Koje mußte ich mich fest einklemmen, um nicht in hohem Bogen herauszufliegen. Das Essen ist auch nicht einfach. Man darf sich nicht wundern, wenn man die Schüssel seines Gegenübers auf einmal auf dem Schoß hat.

An der Hoorn wird es wohl noch schöner kommen. —

Freitag (6. September): Heute haben wir den 4. › Steam ‹, wie wir Seeleute den Sturm nennen, hinter uns. So allmählich gewöhnt man sich daran. Die allgemeine Stimmung ist nicht gerade blendend, was der Kälte und den ewig nassen Sachen zugeschrieben werden muß. Ich habe einen Albatros gesehen, einen riesigen Vogel, der, ohne einen Flügelschlag zu tun, stundenlang seine eleganten Kurven um das Schiff zog. Unsere Sturmschäden sind behoben. Wir haben neue Segel angeschlagen, ein gewaltiges Stück Arbeit. Bald sind wir auf der Höhe der Falkland-Inseln.

Der heutige Sturm kam schräg von achtern, so daß wir mit brausender Fahrt von 14 Knoten durch die See preschten. 5 Mann hatten alle Hände voll zu tun, das Ruder zu halten. Dabei schönster Sonnenschein. Ein herrlicher Anblick, das ständig von riesigen Wellen überspülte und überspritzte Schiff dahinjagen zu sehen.

Unser Kapitän imponiert uns allen. Bei Windstärke 8 oder 9, wie wir sie jetzt oft haben und jeder andere gewöhnlich beigedreht und vor Untermarssegel liegt, nimmt er nur die oberen Segel weg und segelt weiter auf Deubel komm raus. Hoffentlich segelt er uns nicht die Stengen oder den Klüverbaum über Bord!

Dienstag (10. September): Sonntagmorgen um drei Uhr ist hier ein schrecklicher Unglücksfall passiert, der ein Menschenleben gekostet hat. Ein lieber, tüchtiger Kamerad, Arthur Kluge aus unserem Logis, der bereits die 2. Reise mitmachte, ist beim Segelfestmachen im Sturm von der obersten Rah gestürzt und blieb mit zerschmettertem Schädel an Deck liegen. Ein ganz furchtbares, gräßliches Ereignis. Auf mich hat es einen tiefen Eindruck gemacht, ich kann noch immer nicht wieder richtig schlafen, überall verfolgen mich der furchtbare Todesschrei und der dumpfe Aufprall des auf Deck schlagenden Körpers.

Gestern nachmittag haben wir seine Leiche der See übergeben, eine kurze ergreifende Feier. Wir hatten alle Tränen in den Augen, als der Kapitän mit bewegter Stimme das Vaterunser sprach. Die ganze Zeit bis zur Beisetzung haben wir Totenwache an seiner Bahre gehalten, in eisiger, sturmtobender Nacht haben wir seinen letzten Schlummer bewacht, mit der Landesflagge bedeckt mahnte uns sein armer Körper an die Grausamkeit des Meeres.

Ich werde das nie vergessen, so lange ich lebe!

Sonnabend (14. September): Wir leben wieder einmal in einer Periode böser Stürme, die diesmal mit Schnee- und vor allem Hagelschauern verbunden sind. Donnerstagnacht erreichte das Wetter seinen schlimmen Höhepunkt in einer Hagelbö bei Windstärke 11. Der Sturm war so heftig, daß wir nur mit zwei Sturmsegeln beigedreht liegen mußten. Gerade während dieser Bö stand ich drei Stunden am Ruder, ohne Handschuhe. Als ich abgelöst wurde, hatte ich überhaupt kein Gefühl mehr in den Händen und Füßen, so daß ich dauernd hinfiel auf dem glitschigen Deck. Es war eine böse Nacht. Wir sind hinterher alle wie tot in die Kojen gesunken.

In den letzten Tagen haben wir wiederholt die Küste von Feuerland in Sicht bekommen, wilde, phantastisch bizarre unwirtliche Felsmassen ohne Vegetation, die Gipfel mit Schnee bedeckt. Kein Mensch haust hier unten, man erhält so recht den Eindruck, als befände man sich am Ende der Welt.

Und noch immer haben wir Sturm, nur ganz langsam kämpfen wir uns kreuzend um das Kap. Es kann noch Wochen dauern, bis wir es bezwungen haben.«

Vor dem Seeamt in Hamburg bekundete Kapitän Rohwer, als er über die Ursachen des Absturzes befragt wurde, daß der 1910 in Kistritz in Thüringen geborene Arthur Kluge Seestiefel und Ölzeug angehabt habe. Der Verunglückte trug wollenes Unterzeug darunter. Es sei zwar kühl gewesen, der Mann habe aber doch wohl ein bißchen zu viel angezogen gehabt und konnte sich nicht richtig bewegen.

Das Seeamt Hamburg sprach die Schiffsleitung vom Verschulden frei.

Die vierzehnte Reise

Kapitän Hans Rohwer
1. Offizier: Hans Krämer, 2. Offizier: Leo Süppel, 2. Offizier: Rudolf Tofern, 3. Offizier: Ernst Geiser

16. April	1930	Die *Passat* verläßt unter Führung des 1889 in Nübbel geborenen Hans J. Rohwer den Hamburger Hafen, beladen mit Koks, Zement und Stückgut für Chile.
19. April	1930	Das Schiff passiert Isle of Wight bei günstigen Winden.
27. April	1930	Auf der Höhe von Madeira.
1. Juli	1930	Nach 73 Tagen auf See, ab Lizard gezählt, trifft die Viermastbark im Löschhafen Talcahuano ein. Krankheitsbedingt muß der Schiffsjunge Otto Strodthoff in Chile zurückbleiben. Nach seiner Genesung soll er mit der Viermastbark *Padua* heimkehren. Bei Kap Hoorn gerät das von Kapitän Piening geführte Schiff in einen schweren Sturm. Mitsamt dreier Kameraden wird der Junge Strodthoff am 16. Juli 1930 über Bord gewaschen und ertrinkt.
2. September 1930		Die *Passat* segelt beladen mit Salpeter von Iquique-Reede aus heimwärts.
26. November 1930		Ankunft im Hafen Nantes, Frankreich, nach 85 Seetagen.
22. Dezember 1930		Nach Löschen der Ladung segelt die *Passat* in Ballast zur Elbe.
28. Dezember 1930		Schiff fest im Heimathafen.

Aus dem Tagebuch eines Jungmannes

»Die kritische Zeit des Sichwiedereinlebens ist nun für mich endgültig vorbei, da wir wieder eine Woche in See sind, bin ich froh und stolz, daß ich mich trotz aller Verlockungen der herrlichen Tage zu Hause wieder mit Lust und Liebe in meinen Beruf zurückgefunden habe. Bis jetzt hatten wir günstige Winde. Allerdings hat in der Biskaya ein schwerer Sturm uns drei Tage lang aufgehalten. Wir mußten beidrehen. Das war eine böse Sache, da sämtliche Jungens seekrank und schwere Brecher über Deck wuschen, so daß sie nicht das Logis verlassen durften. Durch den Ärmelkanal sind wir in sagenhaften 28 Stunden geflitzt, jeder Frachtdampfer braucht mehr Zeit. Das macht schon stolz!

(5. Mai 1950): Wir sind in den Tropen, im herrlichen, sanften Nord-Ost-Passat.
Sonnendurchglühte Tage, zauberhafte Tropennächte. Bei Tage gibt es viel zu lernen. Beim Toppen-Überholen werden wir Jungleute ordentlich rangenommen. Es wird uns Gelegenheit gegeben, unsere seemännische Handfertigkeit zu vervollkommnen. So arbeitet man sich über manche wehmütige Stimmung hinweg, die aufkommen will, wenn man an den schönen deutschen Frühling denkt.
(13. Mai 1930): Der Passat hat sich ausgeweht. Wir liegen in dem Flautengürtel. Brütende Hitze wechselt mit wahren Sturzbächen von Tropenregen. See und Schiff haben mich ganz in ihren Bann genommen. Die Heimat ist fern, fern ist auch das nächste Land. Nur das Meer ist da und das Schiff. Das Meer spricht zu mir. Dauernd sehe ich nur die blaue See, einmal stahlfarben, mit lustigen weißen Schaumkronen, dann dumpf und bleiern, von schweren Wolken überhangen, Wetterleuchten am Horizont. Nachts taucht der Mond alles in mildes Silber, tagsüber brütet die Tropensonne senkrecht über uns.
Heute hat sich der Süd-Ost-Passat aufgemacht und setzt unserem schnellen Fortkommen einen Stopper auf. Wir liegen hart am Wind und mallen uns langsam südwärts.

(8. Juni 1930): Pfingsten. Wir haben lange gebraucht, da der Süd-Ost-Passat uns bald verließ und wir infolgedessen viele Flauten und unregelmäßige Windzonen passieren mußten. Äquatortaufe, Haifischfang, das waren die wenigen Abwechslungen. Nun aber sind wir in anderen Regionen und sehen der gefürchteten Hoorn im Winter entgegen.
Kap Hoorn, das ist mehr als nur eine Herausforderung.
Pfingstfest. Eine schwere Luft macht uns zu schaffen. Man schauert vor Kälte auf Wache an Deck. Kaum vermag der Mond den dicken Nebelschleier zu durchbrechen, der alles einhüllt. Nur schemenhaft sind die oberen Segel auszumachen. Alle Minuten zerreißt das klagende Heulen des Nebelhorns das einförmige Rauschen der See. Überall tropft es her-

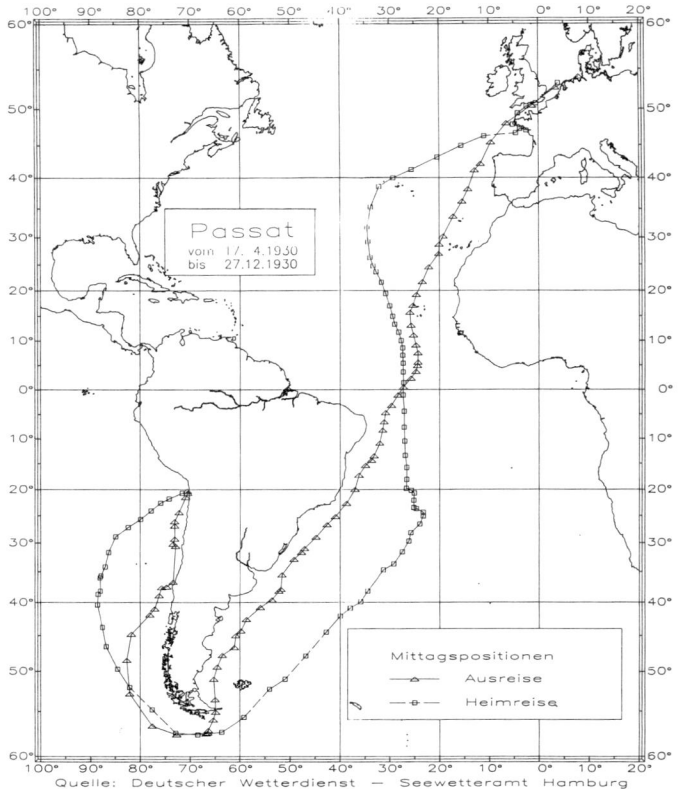

Treckkarte der »Passat« (14. Reise).

ab. Bald rinnt der Nebel in kleinen Bächen von unseren Jacken. Zum Glück ist der Wind stetig, und wir können nach Wachablösung unter Deck verschwinden. Hungrig machen wir uns über das letzte, von gestern aufgesparte Stückchen Brot her, schmieren es mit Margarine und lassen uns dazu das heiße Kaffeewasser wärmend durch die Gurgel rinnen. Wenn das kärgliche Mahl vorüber ist und die Zigaretten brennen, zieht sich jeder nochmals zum Halbschlummer in irgendeinen Winkel zurück. So vergeht die Zeit, verstreichen die Stunden. Selten nur fällt ein Wort, jeder hängt seinen Gedanken nach, denkt an Zuhause, was da wohl sein wird, was sie heute machen, denkt an etwas, das ihm teuer ist, gerade heute kommen einem solche Gedanken, es ist ja Pfingsten, ein Feiertag, und das Sinnen ist wohl hier die beste Möglichkeit, den Tag festlich zu begehen. So spinne ich mich in die liebe Welt der Heimat ein, denke an Zuhause und vergesse alles um mich.
Feucht ist die Luft im Logis und dick zum Zerschneiden von vielem Rauch. Ab und zu fällt ein Tropfen von der schwitzenden Decke, klatscht auf die Bank. Das alles stört mich nicht, es ist mir vertraut und bekannt. Es ist nicht gerade gemütlich in unserem feuchtkalten, finsteren Puff, doch es kann eben nicht anders sein. Man nimmt das gleichmütig hin. Die Kameraden teilen das gleiche Los und denken wie ich. So liegt trotz allem eine zufriedene Ruhe in unserem kleinen Raum. Viel-

leicht ist es ein Hauch von Festtagsstille, die sich bis auf unser weltfernes Segelschiff verirrt hat, mitten in der großen, kalten Wasserwüste des Südatlantiks.

(24. Juni 1930): Die schweren Tage von Kap Hoorn liegen hinter uns. Es waren schlimme Tage äußerster Anspannung und oftmaliger Lebensgefahr für uns alle, und bei aller Sympathie für die Seefahrt sehne ich mich nicht sonderlich danach, sie noch einmal zu erleben. Wären es richtige ehrliche Stürme gewesen, mit denen wir zu tun hatten — die machen keinem Seemann bange, der weiß, daß er den Planken unter seinen Füßen vertrauen kann.

Da bricht es allmählich auf. Windstärke 7, 8, 9, 10, und in entsprechender Weise werden die Segel weggenommen. Schließlich wird beigedreht, und dann kann es pusten, soviel es will. Man freut sich höchstens, daß das viele Wasser an Deck die tägliche Arbeit unmöglich macht, und steht klar zum Manöver unter der geschützten Back, läßt die Brecher darüber wegrauschen und singt und trampelt, um sich warm zu halten. Das ist Kinderkram im Vergleich mit diesen wahnwitzigen Böen, die an der Hoorn urplötzlich über das Schiff herfallen, daß es sich auf die Seite packt und sich ins Wasser einwühlt. Man meint, es könne sich nie wieder aufrichten, es muß absaufen unter der Last der Sturzseen. Jedoch war das wohl nicht das Schlimmste.

Unser größter Feind war diesmal die Kälte und in ihrer Gefolgschaft Eis und Schnee. Bei Windstärke 11, wenn das Schiff wie toll arbeitet, 6 Grad Kälte, Schneesturm, daß man bei hellem Tage nicht die Hand vor Augen sehen kann. Dann hinauf in den vereisten Topp, ohne festen Halt mit den bloßen erstarrten Fingern auf den eisgewordenen Tauen herumrutschen, dabei arbeiten, Segel festmachen. Man empfindet es als Geschenk, wenn man lebendig wieder unten angekommen ist. Unangenehm war auch das Gefühl, jeden Augenblick auf einen Eisberg oder eine der vielen Felseninseln am Kap aufrennen zu können. Tagelang hatten wir die Sonne nicht zu Gesicht bekommen, und so war eine genaue Navigation unmöglich. Dreimal standen wir verflucht nahe vor einer kritischen Situation. Jedesmal auf unser Glück angewiesen, das Schiff noch im letzten Augenblick herumzuwerfen. Auf diese unerfreuliche Weise hat sich mir das Kap enthüllt, das infolge ewiger Nebelbänke so selten ein Mensch zu Gesicht bekommt.

Ich werde den Augenblick nie im Leben vergessen, als plötzlich drohend und gewaltig drei schneebedeckte Felsenkuppen in gefährlicher Nähe vor uns auftauchten.

Auch der Eisberg, der uns in den Kurs lief, war ein ungemütlicher Bursche. Auf diese Weise haben wir die ungemütliche Hoorngegend eine Woche lang mit unserer Anwesenheit beehren müssen.

Dann erst erlöste uns ein ehrlicher Süd-Ost-Sturm und trug uns mit Windeseile nordwärts.

Ei, was haben wir geknüppelt!

Drei Tage lang sind wir mit 12 Knoten Fahrt durch die aufgewühlte See gepreßt. Außer einigen erfrorenen Fingern, Füßen und Ohren sind wir alle gesund und wohlbehalten der Wiege der Stürme entronnen.

Ach, was sind wir glücklich!

Mit großer Erleichterung stelle ich fest, daß mein Kopfkissen nicht mehr gefroren ist, wenn ich mich in die Koje werfe, von den Tropfen, die von der Decke fallen. Auch meine Decken sind nicht mehr direkt naß, nur noch feucht und werden wohl bald trocken sein.

(30. Juni 1930): In der Bucht von Talcahuano.

Nun haben wir es endlich geschafft. Die letzten 10 Seemeilen bis zum Hafenplatz sind wir durch die Dunkelheit gezwungen worden, das Hineinkreuzen auf den nächsten Tag zu verschieben. Nun muß ich einen Tag länger auf Post warten, die ich so innig ersehne. Wir hatten einen guten Wind. Vor vier Tagen kam die chilenische Küste in Sicht. Da schlug uns das Wetter noch ein Schnippchen, der Wind streikte einen Tag lang und blies dann hartnäckig aus der verkehrten Richtung. So mußten wir uns mühsam weiterkrebsen. Unser › Alter ‹ jammert wie ein Kind, flehentlich bittet er den Rudermann, doch für guten Wind zu sorgen. Mir hat er neulich 50 Senoussi, eine Boddel Köm und 10 Peso versprochen, wenn ich den Wind um drei Strich ändern würde.

Leider habe ich das trotz der Verlockung nicht fertig gebracht. Das alles liegt hinter uns. Wir sind glücklich und werden morgen im Hafen von Talcahuano vor Anker gehen. Zufrieden werde ich aber erst sein, wenn ich die sehnlichst erwartete Post in Händen halte.

(2. Juli 1930): Die *Padua* ist erst jetzt von Iquique abgesegelt.«

»Passat« im Segelschiffshafen, rechts die Viermastbark »Parma«.

Die »Passat« auf dem Gemälde
des Marinemalers Hans Peter Jürgens
»Viermastbark der Reederei Laeisz
unter Sturmbesegelung«.

60

DIE FÜNFZEHNTE REISE

Kapitän: Jürgen Jürs
1. Offizier: Karl Kluge, 2. Offizier: Hermann Kassel, 3. Offizier: Albert Hassenfelder.
Funker: Hans-Jürgen Fock. Wahrscheinlich besaß Fock ein nautisches Patent, fand aber keine Anstellung.

10. September 1931	Die *Passat* verläßt unter Führung eines neuen Kapitäns den Hamburger Hafen. Auch Jürgen Jürs gehörte zu dem Typ von Kapitänen, die bei Laeisz groß geworden sind. Seine Laufbahn begann als 14jähriger auf dem Segler *Pirat*. Aufgrund seiner überragenden Fähigkeiten als Schiffsoffizier übertrug ihm die Reederei 1911 die Führung des Vollschiffes *Pirna*. Nach Kriegsende segelte er die *Priwall* und die *Pinnas*. Er besaß schon einen legendären Ruf, bevor er die *Passat* übernahm.
13. September 1931	Bei günstigen Winden passiert die Viermastbark Dover.
7. Dezember 1931	Nach einer durchschnittlichen Reisedauer von 88 Seetagen geht die Viermastbark vor dem ersten Löschhafen Talcahuano auf der Reede vor Anker. Via Valparaiso versegelt des Schiff zum Laden nach Taltal.
26. Dezember 1931	Weihnachten wird noch auf der Reede gefeiert, dann läßt Kapitän Jürs den Anker hieven. Auf der Höhe der Azoren erhält der Kapitän von seiner Reederei Order, Bilbao in Spanien anzulaufen.
6. März 1932	Die *Passat* erreicht Bilbao und beginnt mit dem Löschen der Salpeterladung. Inzwischen sind in Hamburg die Würfel über das Schicksal der *Passat* gefallen. Die Reederei trennt sich von der Viermastbark.
9. April 1932	Nach Übernahme von Ballast versegelt die *Passat* in Richtung Heimat, schon wissend, daß die Reise nicht in Hamburg enden wird.
22. April 1932	Die *Passat* ankert vor Lowestoft, um einen Teil der sich an Bord befindlichen Ausrüstung an den reedereieigenen Dampfer *Panther* abzugeben.
29. April 1932	Übergabe der Viermastbark *Passat* im englischen Hafen Middlesbrough an den finnischen Reeder Gustav Erikson. Ende des Schiffes unter der Laeisz-Flagge. Kapitän Jürs umrundete 66mal Kap Hoorn, davon 50mal als Kapitän eines Rahseglers. Krankheitsbedingt zog sich Jürs 1938 von der Seefahrt zurück. Er starb am 20. Dezember 1945 in seinem Geburtsort Elmshorn.

Verkauf der Viermastbark an Gustav Erikson

Immer noch kaufte der finnische Segelschiffsreeder Gustav Erikson alles an Windjammern auf, was für wenig Geld und in einigermaßen gutem Zustand zu haben war. Von »Liebe zu Segelschiffen« konnte dabei keine Rede sein. Erikson hatte nichts anderes im Sinn, als bei kleinstem Kapitaleinsatz größtmöglichen Gewinn zu erzielen. Von Windjammern, die ihm finanziell zur Last fielen, trennte er sich rigoros.

Schon 1920 hatte Gustav Erikson ein Auge auf die damals noch junge *Passat* geworfen, doch dann nicht gegen Laeisz geboten, als die Franzosen bereit waren, sich von ihrer Kriegsbeute zu trennen. Als Erikson 1932 der Laeisz-Reederei ein der Zeit entsprechendes Kaufangebot für die *Passat* machte, kam es rasch zu einem Abschluß. Für den Spottpreis von 6 500 Pfund Sterling wechselte die Viermastbark den Eigentümer.

Die Besatzung der heimwärts segelnden *Passat* hatte von dem im fernen Hamburg getätigten Abschluß keine Ahnung. Als die Salpeterladung in Bilbao gelöscht worden war und sich das Schiff auf die Reise nach Hamburg machte, erhielt Kapitän Jürgen Jürs telegrafische Nachricht vom Verkauf der *Passat* und die Order, vor Lowestoft die Ankunft des Dampfers *Panther* abzuwarten.

In diesem Zusammenhang wurde in einer Publikation der Laeisz-Reederei unsoziales Verhalten vorgeworfen, weil sie über die Köpfe der Seeleute hinweg deren Arbeitsstätte vernichtet hätte. Ohne dem Reeder Laeisz und seinen Nachkommen soziales Verhalten nachsagen zu wollen, das in Einzelfällen auch vorgekommen ist, so traf beim Verkauf der Viermast-

Kapitän Jürgen Jürs (1881—1945)

Kapitän Jürs, 1931. Links neben ihm ein Passagier.

bark *Passat* weder das eine noch das andere zu. Die Mannschaft war wie üblich nur für die Reise Hamburg — Westküste Chile und zurück nach Hamburg angeheuert worden. Danach endete das Zeitarbeitsverhältnis. Die Leute wurden ausbezahlt und abgemustert.

Warum sollte die Reederei in diesem Falle anders handeln? Der finnische Reeder hatte im Vertrauen auf die Reederei Laeisz den Windjammer unbesehen gekauft. Daher nutzten die Hamburger die Möglichkeit, einen Teil der teuren Ausrüstung zu retten. Kaum lag die *Passat* bei Lowestoft vor Anker, als der reedereieigene Dampfer *Panther* angerauscht kam. Er packte sich längsseits der Viermastbark, und sofort begannen die Männer mit der Abgabe guterhaltener Ausrüstungsgegenstände wie Trossen, Blöcke, Segel, Segeltuch und Proviant. Kein Geringerer als der mitgekommene Inspektor der Reederei beaufsichtigte die Aktion, und Boye Petersen fand immer noch Gegenstände, die auf anderen Schiffen der Reederei dringend gebraucht wurden.

Nach Abschluß der Arbeiten stieg ein Teil der *Passat*-Crew auf die *Panther* über. Der Rest blieb an Bord, wie auch der Inspektor, um die *Passat* im englischen Hafen Middlesbrough an den Käufer zu übergeben. Als die *Passat* anlegte, stand Gustav Erikson bereits wartend am Kai, um persönlich das Übergabeprotokoll zu unterzeichnen.

Der Rest der *Passat*-Besatzung packte seine Klamotten, fuhr mit der Bahn nach Grimsby und von dort aus mit dem Wochendampfer als Passagiere nach Hamburg.

2. Buch

Die »Passat« unter der Flagge Gustav Eriksons

>»Rejs opp man av den babordska vakten!
>Rejs opp an man, som ta'r rodet am hand!
>Rejs opp en man som Ta' r utkik paa Backen,
>Se' r noga efter seglare och ävenledes land!
>Rejs, Rejs, Rejs, opp alle man!«

In einem aus wenigen Häusern bestehenden Dorf nahe der kleinen Hafenstadt Mariehamn in der Alandsee wurde 1873 Gustav Erikson geboren. Er ging wie die meisten seiner Mitschüler zur See. Mit dreizehn Jahren musterte er als Koch auf einem Küstensegler an. Ein Jahr später war er bereits Vollmatrose, was für seine Tüchtigkeit spricht, denn Gustav Erikson war nicht gerade ein Riese von Kerl, aber zäh. Kein Wunder also, daß er mit 17 Jahren eine Chance als Bootsmann erhielt, und nur ein Jahr darauf war er Steuermann. Mit zwanzig Lenzen führte er sein erstes Schiff. Zwei Jahre lang blieb er in der Küstenfahrt, befuhr die Nord- und die Ostsee, dann musterte er als Steuermann auf einem Großsegler an. Er war erst wenige Monate an Bord, als er bei schwerem Wetter aus der Takelage stürzte und sich ein Bein brach. Es wuchs nicht so zusammen, wie es sollte. Als Hinkebein auf einem Windjammer zu fahren, war sicher ungewöhnlich, aber das störte ihn nicht. Er hatte ein Ziel vor Augen, er wollte ein eigenes Schiff führen. 1913 war es soweit. Mit erspartem Geld und dem von Freunden kaufte er eine heruntergekommene kleine Bark. Was keiner für möglich hielt - er machte damit Gewinn. Der war groß genug, um ein Jahr später die eiserne große Viermastbark *Renée Rickmers* kaufen zu können.

Um seiner Heimat Ehre zu erweisen, taufte er das Schiff in *Aland* um und ging damit auf große Fahrt. Er segelte den Viermaster um Kap Hoorn zur Westküste und von dort weiter nach Neukaledonien. Erikson hatte es nicht eilig. Er galt als umsichtiger Seemann und Nautiker. Die *Aland* näherte sich der Küste. Jeden Augenblick mußte das Leuchtfeuer auftauchen. Statt dessen setzte der Viermaster auf und ging verloren. Was der Kapitän nicht wissen konnte, war, daß infolge des Ausbruchs des Krieges die Leuchtfeuer an der Küste gelöscht worden waren.

Ein noch härterer Schlag folgte. Erikson hatte das Schiff bei einer Petersburger Gesellschaft versichert, und die zahlte infolge des Krieges keinen Pfennig aus. Aus diesen Vorfällen zog Gustav Erikson seine Lehren: Nie mehr wechselte er die Namen der Schiffe — denn nach Seemannsbrauch bedeutete das, dem Schiff den Faden des Glücks abzuschneiden. Außerdem ließ er fortan seine Segelschiffe unversichert fahren, ganz auf das Glück vertrauend. In den Frieden hatte Erikson nur zwei Schiffe gerettet, die *Grace Harwar* und die *Lawhill*. Diese Einheiten gehörten vormals einem anderen Reeder aus Mariehamn.

Die *Lawhill* war das Schiff, das ihn veranlaßte, nur Segelschifffahrt zu betreiben. Unter Kapitän Reuben de Cloux machte dieses 1892 in Dundee gebaute Schiff schnelle Reisen und versetzte Erikson bald in die Lage, seine Flotte zu erweitern. Liebend gerne kaufte er deutsche Windjammer auf, die gemäß dem Versailler Vertrag an die Siegerstaaten ausgeliefert worden waren und nun untätig in den Häfen herumlagen. Erikson erwarb sie meistens für Schrottpreise. Viele fuhren noch das Rigg, mit dem sie vor mehr als dreißig Jahren von den Bauwerften ausgerüstet worden waren, und boten einen erbärmli-

Gustav Erikson (1873–1947)

chen Eindruck. Was die neue Zeit ihnen an Erleichterung schaffenden Erfindungen gebracht hatte, ließ Gustav Erikson wieder herausreißen. So hatte keines seiner Schiffe eine Funkanlage. Auf der *Herzogin Cecilie* ließ der eigenwillige Reeder die elektrische Anlage samt Aggregat herausnehmen, weil, wie er behauptete, »Petroleumlicht für die Augen besser ist.«

Als Gustav Erikson die Viermastbark *Passat* von der Hamburger Reederei erwarb, segelten unter seiner Kontorflagge zehn Viermaster, ein Vollschiff, sechs Barken, zwei Barkentiner und ein paar kleinere Schoner. Erst 1938 kaufte er einen größeren Dampfer, andere folgten. Aus dem Zweiten Weltkrieg ging die finnische Reederei zwar geschrumpft, aber doch gesund hervor. Sie hatte immer noch drei Windjammer, die *Viking,* die zurückgekehrte *Pamir* und die *Passat.* Alle drei Einheiten wurden wieder in der Weizenfahrt eingesetzt, aber ihre Zeit war abgelaufen.

Gustav Erikson starb 1947 im Alter von 74 Jahren und mit ihm die große Ära der frachttragenden Segelschiffe.

DIE SECHZEHNTE REISE

Kapitän: G.Lundgren

29. Mai	1932	Beladen mit Ammoniaksulfat für Port Louis, Hauptladeplatz auf der Insel Mauritius, verläßt die *Passat* unter der neuen Kontorflagge, einem blauen GL auf weißem Grund, statt dem rotem FL, den englischen Kohlehafen Middlesbrough. Wie üblich bei Erikson, ändert er aus Aberglauben den Namen des Schiffes nicht. Aber Heimathafen ist Mariehamn auf den Aland-Inseln. Zum ersten Mal in der Lebensgeschichte der *Passat* soll die Reise um das Kap der Guten Hoffnung gehen.
18. August	1932	Die neue Crew hat sich schnell an das Schiff gewöhnt, und das Wetter meint es gut mit ihnen. Nach 81 Tagen auf See erreicht die *Passat* ihren Löschplatz.
7. Oktober	1932	Die *Passat* verläßt in Ballast Port Louis.
19. Oktober	1932	Ankunft vor der Insel Assumption.
4. November	1932	Mit Guano (Vogelmist) beladen, verholt die Viermastbark nach Port Victoria, dem Hafen der Insel Mahé auf den Seychellen.
21. November	1932	Die *Passat* erreicht Port Victoria und klariert aus.
23. November	1932	Die eigentliche Reise beginnt mit dem Verlassen des Hafens auf der Insel Mahé.
7. Februar	1933	Nach einer Reise von 76 Tagen auf See erreicht die Viermastbark Auckland auf Neuseeland und beginnt mit dem Löschen der Ladung.
23. Februar	1933	Die *Passat* verläßt Auckland in Ballast und macht sich auf die rund 3000 Seemeilen lange Strecke nach Australien.
28. März	1933	Fall Anker im Spencer-Golf.
4. Mai	1933	Mit Order Englischer Kanal verläßt die *Passat*, beladen mit Weizen, Wallaroo.
22. August	1933	Nach 110 Seetagen trifft die Viermastbark in London ein. Ende der Rundreise um die ganze Erde. Kapitän Lundgren verläßt die *Passat*.

Erste Reise unter finnischer Flagge

Herbert Scheuffler, ein in Sachsen aufgewachsener Bürgermeistersohn, ging 1932 zur See. Kapitän Richard Sietas aus Hamburg hatte zuvor dem Vater, der einst mit dem »Seeteufel« Graf Luckner die Schulbank gedrückt hatte, am Telefon klargemacht, daß Sohn Herbert erst auf einem Segelschiff fahren müsse, um überhaupt Handelsschiffsoffizier werden zu können. Der Kapitän bot sich an, eine 20monatige Segelschiffsausbildung zu vermitteln, gegen 1 000 Reichsmark in bar und weitere 300 bis 500 für die unbedingt notwendige echte seemännische Ausrüstung. Außerdem verlangte er eine Sicherheitsleistung von noch einmal 1 000 Reichsmark, falls der Zögling die Ausbildung auf dem Schiff vorzeitig abbrechen sollte.

Das war nicht eben wenig Geld, das in den Jungen investiert werden sollte, schließlich aber willigte der Vater ein. In fieberhafter Eile begannen die Reisevorbereitungen. Die fürsorgliche Mutter, einstige Kreisvorsitzende des »Flottenbundes Deutscher Frauen«, nähte ihrem Jungen 1 500 Reichsmark in den Hosenbund ein, für den Notfall, wie sie sagte.

Herbert Scheuffler kam per Bahn in Hamburg an und wurde vom Bahnhof wie versprochen auch abgeholt. Er erfuhr, daß er auf einen großen Viermaster käme, auf die *Passat*, die im englischen Hafen Middlesbrough für Mauritius beladen wurde. Immer neue Eindrücke stürmten auf den Jungen ein. Noch am selben Abend sollte er zusammen mit dem Leichtmatrosen Hans Knieper reisen. Mit dem dreimal wöchentlich verkehrenden Grimsby-Dampfer *Accrington* ging es bei verhältnismäßig ruhigem Wetter über die Nordsee nach England. Trotzdem schlug die Seekrankheit zu, und so verbrachte der angeheuerte Apprentice die meiste Zeit der Überfahrt auf dem WC und wünschte nichts Sehnlicheres als »daheeme in Birne geblie'm zu sein«.

Herbert Scheuffler fuhr nicht mit dem Dampfer zurück nach Hamburg. Einfach aufgeben, das hätte er nicht können. Im wohlverdienten Ruhestand lebend, erinnert sich Kapitän Scheuffler an die Zeit auf der *Passat*:

»Abends um 18.00 Uhr betraten wir das Deck der *Passat*, deren hohe Masten mir mächtig imponierten. Zusammen mit Hans Knieper wurde ich im Backbord-Logis im Brückenhaus untergebracht. Als wir uns bekannt machten, wurde ich vor einem jungen Mann mit verdächtigem Überschwang begrüßt. Er war der Sohn eines Reederei-Inspektors und erklärte mir hernach, daß ich nunmehr der Moses sei und die Backschaft zu machen habe. Was das bedeutete, begriff ich erst später. Ich kroch in die harte Koje und schlief bald ein.

Am nächsten Morgen mußte ich mich beim 1. Offizier Eckholm melden. Als ich seine Kammer betrat, begrüßte er mich mit den Worten: Hier ist doch kein Kindergarten!

Allmählich gewöhnte ich mich an solche Bemerkungen (Herbert Scheuffler war keine 150 Zentimeter groß). Nachdem ich Backschaft gemacht hatte, erhielt ich den ehrenvollen Auftrag, den Schweinestall auszumisten, der von zwei Jungtieren bewohnt wurde. Ich hatte ziemliche Angst vor diesen Schweinen und war froh, als schließlich der alte Zimmermann sich meiner erbarmte und mir half, die Biester wieder einzufangen. Wie die anderen Neulinge auch wurde ich als Apprentice angemustert, begriff allmählich, daß ein Apprentice ein Schiffsjunge war, für dessen Status die Eltern kräftig zahlen mußten. Auf der *Passat* waren wir acht Apprentices, alles Deutsche außer einem Österreicher. Es gab nur vier Matrosen, einer davon namens Sven Thienemann. Auch der Schmied war Deutscher und zwei von den sieben Leichtmatrosen und Jungmännern. Die Kommandosprache war Schwedisch, denn die Schiffsleitung, bestehend aus dem Kapitän und drei Offizieren sowie neun weiteren Seeleuten waren schwedischsprechende Finnländer, die in der Mehrzahl von den Aland-Inseln stammten.

Äquatortaufschein des Schiffsjungen Herbert Scheuffler.

Kapitän G. Lundgren

Nach Mauritius und den Seychellen

Herbert Scheuffler berichtet weiter: »Am 29. Mai, einem Sonntag, faßten zwei Schlepper die *Passat* an, um sie flußabwärts und in See zu bringen. Nachmittags begannen wir Segel zu setzten. Nachts, auf meiner ersten Seewache, stand ich bereits am Ruder, natütlich nur als zweiter Mann. Eine Woche nach der Abfahrt trieben wir uns im Englischen Kanal herum. Am 4. Juni hatte unser Kapitän Geburtstag und spendierte eine Flasche Schnaps, er wurde 48 Jahre alt. Drei Tage später begegnete uns die Erikson-Bark *Killoran* auf dem Wege von Falmouth nach Sunderland. In den folgenden Wochen gab es keine erwähnenswerten Ereignisse, außer daß mir der Steward ein Hühnerei schenkte. Am 7.Juli kreuzten wir den Äquator und wurden zünftig getauft. Nach 83tägiger Reise fiel unser Anker vor Port Louis auf Mauritius. Durch drei Hurras gaben wir unserer Freude Ausdruck.

Ein kleiner Schlepper brachte uns in den Hafen, wo wir vorn und achtern an Bojen festmachten. Das Löschen unserer Ladung ging nur langsam voran, da unsere Petroleummotoren nicht sehr leistungsstark waren. In unserer Freizeit gingen wir an Land, spielten Fußball mit den englischen Soldaten und machten Ausflüge. Insgesamt lagen wir 48 Tage in Port Louis. In der letzten Woche hatte ich beim Übernehmen des Sandballastes einen Unfall. Ich arbeitete im Leichter und wurde von einem vollen Korb am Kopf getroffen, der in den Leichter zurückfiel und mich unter sich begrub. Zum Glück hatte ich nur Hautabschürfungen erlitten. Am 7. Oktober verließen wir den Hafen und versegelten in 16 Tagen nach Assumption Island.«

Untereinander sprachen wir meistens Deutsch, aber auch Schwedisch und Englisch. Insgesamt waren wir nur 28 Mann auf dem Großsegler, das war sehr knapp. Deshalb nahm der Kapitän für die Heimreise noch zwei Mann dazu. Nach dem Umbau des Schiffes im Jahr 1927 gab es viel unbenutzten Wohnraum an Bord. Deshalb nahm der Reeder gern Passagiere mit, die das Abenteuer einer Segelschiffsreise erleben und dafür gut bezahlen wollten. Als ich meinen Dienst antrat, war die Beladung des Schiffes schon weit fortgeschritten. Kalidünger in Säcken lag im Laderaum, dazu kam noch etwas Stückgut. Die Royalrahen, die an Deck lagen, wurden wieder aufgebracht, ohne daß meine Hilfe dabei benötigt wurde.

Ich mußte erst noch lernen, in die Masten aufzuentern. Jeden Tag ging ich ein Stück höher, und bevor wir ausliefen, hatte ich die Royalrah erreicht.

Das Schiff war mit Decksmotoren, Braß- und Fallwinden ausgerüstet, wie es sich für einen Segler des 20.Jahrhunderts geziemte, aber die Funkstation hatte Gustav Erikson nicht übernehmen wollen. Sie war ausgebaut worden. Unser Kapitän besaß nur einen kleinen Radioempfänger, der kümmerlich mit Taschenlampenbatterien gespeist wurde.«

Guano für Neuseeland

Für Erikson-Segler war die Route über die Seychellen normal, nicht aber für die *Passat*. Sie lud zum ersten Mal Guano, diesen getrockneten Vogelmist. Herbert Scheuffler berichtet darüber:

»Assumption Island, das zu den Seychellen gehört, ist etwa 2 Seemeilen lang und stellenweise mit Palmen bewachsen. Damals lebten etwa 100 Eingeborene auf der Insel. Wenn ein Schiff Guano laden sollte, kamen fünf Weiße von der Hauptinsel Mahé herüber, um den Betrieb in Schwung zu bringen. Der in Säcke gefüllte Guano wurde mit Kanus längsseits gebracht, dann wurden die Säcke auf die Luke gehievt und aufgeschlitzt. Unser Guano war ein braunes Pulver, geruchlos, aber sehr staubig. Die Schiffsleitung tätigte mit den Eingeborenen einen regen Tauschhandel. Für den uralten Laeisz-Proviant, der sich noch an Bord befand, bekamen wir frischen Fisch, ein paar

Die »Passat« unter finnischer Flagge.

schwarze Schweine und einige Hühner. Manchmal fuhren wir mit den Eingeborenen in ihren Kanus zum Fischen raus. Hans Knieper und ich pullten eines Nachts heimlich mit unserem Boot zur Insel, um Kokosnüsse von den Palmen zu klauen. Es war eine schwere Arbeit, besonders zum Schluß, als wir unser Boot hoch und trocken auf dem Strand fanden; entgegen unseren Berechnungen war die Tide ab- statt aufgelaufen.

Das Laden ging schnell vonstatten. Schon nach 16 Tagen konnten wir unsere Anker hieven. Allerdings bekamen wir den Heckanker nicht an Deck und mußten die Trosse kappen. Von Assumption Island versegelten wir zunächst zur Hauptinsel Mahé, um in Port Victoria auszuklarieren und Proviant für die bevorstehende Reise zu übernehmen. Die Reise zog sich infolge vieler Windstillen in die Länge. Wir brauchten 17 Tage für die 600 Seemeilen. Am 21. November fiel unser Anker vor Port Victoria. Viele Eingeborene kamen an Bord und boten uns alle möglichen Früchte zum Kauf oder Tausch an. Ein Neger hatte um seinen Strohhut das Mützenband des Kreuzers *Emden* geschlungen. Allerdings stand die Schrift auf dem Kopf. Er war durch nichts zu bewegen, das Band umzudrehen. Am 23. November machten wir uns auf den Weg nach Neuseeland, mit drei Passagieren an Bord. Zunächst steuerten wir südwärts, kamen aber nur langsam voran und brauchten für die ersten 350 Seemeilen fast 16 Tage. Die Flautenschieberei brachte die Schiffsleitung auf ungewöhnliche Gedanken. So wurde am 10. Dezember erstmals nautischer Unterricht für die

Apprentice angesetzt. Prompt fing die *Passat* an zu laufen. Langsam wurde unser Proviant gammelig und knapp dazu. Kurz vor Weihnachten wurde ein Schwein geschlachtet. Sonst ließ sich der Kapitän zu Weihnachten nichts anmerken, so daß die Mannschaft verärgert war. Nur die Steuerleute und die Passagiere bekamen am Heiligen Abend drei Hurras, weil sie Schnaps und Zigaretten spendiert hatten. Weihnachten wurde ein Schachturnier begonnen, aber nie zu Ende geführt.

In der Silvesternacht empfingen uns die › Roaring Forties ‹ mit einem schweren Sturm. Die ganze Nacht hindurch lagen wir im Rigg und bargen Segel. Um Mitternacht hatten wir gerade noch Zeit genug, um das alte Jahr mit drei Hurras zu verabschieden. Am Neujahrsmorgen erhielten wir den wohlverdienten Schnaps.

Unser Weg verlief südlich von Tasmanien und sollte auch südlich um Neuseeland führen. Wegen anhaltender SO-Winde entschloß sich der Kapitän jedoch am 22. Januar für den Weg um die Nordinsel. Am nächsten Tag mußten alle Mann in den Laderaum, um den Guano zu trimmen, denn unser Schiff hatte Schlagseite. Die Reise um Auckland dauerte viel länger als erwartet. Der Proviant wurde immer knapper, Tabak und Zigarettenpapier waren an Bord nicht mehr aufzutreiben.

Das Nordkap Neuseelands passierten wir am 5. Februar in großem Abstand. Zwei Tage später kam der Lotse an Bord und brachte uns abends vor Auckland zu Anker, am nächsten Tag an die Pier.

Zu unserer Überraschung lag die *Winterhude* schon seit 11 Tagen im Hafen. Sie hatte von den Seychellen nur 57 Tage gebraucht, wir 16 Tage mehr. Zwei Tage nach uns traf die *Magdalene Vinnen* in Auckland ein.

Wir hatten viele Einladungen in Neuseeland und bekamen entsprechende Freizeit. Als ein Landsmann aus Pirna auftauchte und mich zu einer Autotour über die Nordinsel einlud, blieb ich drei Tage weg, ohne um Erlaubnis nachzusuchen. Das war entschieden zu viel für die Schiffsleitung. Ich erhielt Bordarrest und durfte auch in Australien nicht an Land. Das schmerzte mich mehr als die 100 Finnmark Strafe. In Auckland gab es Post. Aus den Zeitungen erfuhren wir, daß in Deutschland ein Herr Hitler an die Macht gekommen war, wir dachten uns nicht viel dabei. Auch die Neuseeländer schienen dem Geschehen im fernen Deutschland keine Bedeutung beizumessen.«

Weizenrennen mit der »Winterhude«

Weiter erzählt Herbert Scheuffler:
»Unsere Guano-Ladung wurde in Auckland schnell gelöscht. Schon am 23. Februar 1933 verließen wir den Hafen, um zum Spencer-Golf zu segeln. Die 33tägige Reise nach Wallaroo wurde zu einem Rennen mit der *Winterhude*. Mal überholte sie uns, mal segelten wir an ihr vorbei, gelegentlich trieben wir gemeinsam in der Flaute, so daß Kapitän und Erster Offizier der *Winterhude* zu uns auf Besuch kamen.

Nach unserer Einklarierung in Wallaroo verholten wir nach Port Broughton, um eine Teilladung Weizen zu übernehmen. Dann ging es zurück nach Wallaroo, wo wir diesmal ohne jegliche Schlepperhilfe an der Pier festmachten, eine Glanzleistung des Kapitäns.

Vollbeladen verließen wir am 4. Mai als letztes Schiff der Weizenflotte die Küste. Die Crew war um zwei Mann verstärkt worden. Beide Matrosen waren Landsmänner. Insgesamt waren nun 13 Deutsche an Bord, fast die Mehrheit. 20 Tage später war meine Zeit als Apprentice nach einjähriger Dauer abgelaufen. Ich wurde zum Leichtmatrosen befördert und erhielt nun eine monatliche Heuer von 450 Finnmark. Als Lehrling hatte ich monatlich 50 Finnmark bekommen, das waren umgerechnet etwa 5 Reichsmark.

Einige Tage bevor wir Kap Hoorn erreichten, gab es mehrere Verletzte durch eine schwere überkommende See. Der 2. Steuermann brach sich dabei ein Bein. Mit 13 Knoten Fahrt passierten wir am 16. Juni Kap Hoorn, 44 Tage nach Wallaroo. Nachdem wir die Azoren am 10. August erreicht hatten, machte sich an Bord aus unerklärlichen Gründen eine gereizte Stimmung breit. Ohne ersichtlichen Grund schlug der 1. Steuermann einen dänischen Leichtmatrosen, und ein ehemaliger Apprentice verhaute einen seiner Landsleute. Dann prügelte sich ein deutscher Matrose mit einem Schweden, und am nächsten Tag gab es einen richtigen › fight ‹ zwischen dem Schweden und dem 1. Steuermann. Es gab keinen eigentlichen Sieger.

Als wir am 21. August abends mit Lizard-Signalstation morsten und Order bekamen, nach Falmouth zu segeln, war alles wie vergessen. Sechs Tage warteten wir auf der Reede liegend. Es erschienen viele Besucher an Bord, zum Glück wurde auch Frischproviant geliefert. Von Wallaroo bis Falmouth hatten wir 109 Tage gebraucht. Das war vielleicht keine Spitzenleistung, aber die *Winterhude* hatten wir gründlich abgehängt. Sie tauchte erst nach 144 Tagen vor Englands Küste auf. Von Falmouth segelten wir nach London und machten am 3. September im Westindia-Dock fest.«

»Passat« in Port Louis auf Mauritius beim Löschen von Kali und Stückgut.

DIE SIEBZEHNTE REISE

Kapitän: Gerhard Sjøgren
1. Offizier: Karl Mattson, 2. Offizier: Leuf Sommarström, 3. Offizier: Lars Nilssen.
Unter der 29köpfigen Crew sind 11 junge deutsche Seeleute.

6. Oktober	1933	Die *Passat* dockt in London aus und übernimmt Ballast.
7. Oktober	1933	Das Schiff ankert auf Deal-Reede und wird seeklar gemacht.
12. Oktober	1933	Beginn der Reise.
12. November	1933	Äquator wird passiert.
6. Januar	1934	Port Victoria im Spencer Golf wird nach 85 Tagen auf See erreicht.
24. Januar	1934	Das Schiff verläßt die Reede und geht nach Port Broughton-Reede.
12. Februar	1934	Ab Port Broughton, nach Walleroo.
17. Februar	1934	Die Rückreise beginnt.
21. März	1934	Kap Hoorn wird passiert.
28. April	1934	Die *Passat* erreicht den Äquator.
4. Juni	1934	Nach 107 Tagen auf See fällt der Anker auf Falmouth-Reede.
9. Juni	1934	Dublin-Reede.
11. Juni	1934	Dublin-Pier, Ladung wird gelöscht.
28. Juni	1934	Die *Passat* tritt die Heimreise durch den Englischen Kanal an. Die drei vorderen Royalrahen liegen festgezurrt an Deck.
21. Juli	1934	Helsingör-Reede.
27. Juli	1934	Fest an der Pier in Mariehamn. Die Crew wird abgemustert.

Gerhard Sjøgren (1896–1980)

»Padua« und »Priwall« ausgesegelt

Die letzten beiden unter der Kontorflagge der Hamburger Reederei Laeisz segelnden Viermastbarken, *Priwall* mit Kapitän Robert Clauß an Bord und die von Jürgen Jürs kommandierte *Padua*, hatten in sagenhaften 67 Tagen die Strecke von der Elbe zum Spencer Golf zurückgelegt, wobei die jüngere *Padua* das Ballast-Rennen um wenige Stunden verlor. Auf diesen Reisen befanden sich keine Kadetten auf den Hamburger Rahseglern.

Der Zufall wollte es, daß die *Passat* im nur 40 Seemeilen entfernten Wallaroo Weizen lud und sich zur selben Zeit wie die anderen beiden Segelschiffe auf die lange Heimreise vorbereitete. Als erster der drei fast gleichgroßen Viermastbarken machte sich die *Priwall* auf die Reise. Robert Clauß hatte es wie immer eilig und trieb die Leute an. Einen Tag später konnte auch die *Padua* Segel setzen und den Spencer-Golf verlassen. Vierundzwanzig Stunden danach folgte die *Passat*. Kapitän Sjøgren, er hatte zuvor die robustere *Pamir* kommandiert, verstand wie die beiden Hamburger Segelschiffsführer die hohe Kunst, aus einem Rahsegler die optimale Leistung herauszuholen. Sportsleute waren sie alle drei, Clauß etwas mehr, Jürs vielleicht etwas weniger, bedingt durch das Alter, aber vielleicht tat er auch nur nach außen so. Sjøgren beschloß, der *Padua* ein heißes Rennen zu liefern. Die *Priwall* hatte er nicht mehr auf der Rechnung, sie hatte, so dachte er, einen zu großen Vorsprung. Doch es sollte ganz anders kommen.

Die beiden Hamburger Viermaster schnitten am selben Tag den 180. Längengrad, ohne einander zu sichten oder voneinander Kenntnis zu haben. Weder Clauß noch Jürs posaunten über Funk ihre Positionen hinaus, und auf der *Passat* gab es keine funktionierende Telegrafenstation. Für Erikson war das kein Thema.

Ausnahmsweise war das Wetter in den »Brüllenden Vierzigern« erträglich. Auf der *Passat* und der *Padua* mußten nur gelegentlich Segel festgemacht werden. Kapitän Jürs konnte den Vorsprung bei der Umrundung Kap Hoorns gegenüber seinem finnischen Kollegen noch verteidigen, aber er schmolz stetig. Am Ostersonntag war das diesjährige »Weizenrennen« zwischen den beiden Viermastbarken so gut wie entschieden, denn die *Passat* hatte gegenüber der *Padua* einen Vorsprung von 400 Seemeilen herausgesegelt. Wo aber steckte Robert Clauß mit seiner *Priwall?* Auch sie hatte in diesen Tagen entscheidend an Zeit eingebüßt. Gerhard Sjøgren, vom Glück und vom Gott der Winde begünstigt, hatte die bessere Route gewählt. Doch die starken Winde blieben nicht, und als es nur noch schwach wehte, kam die *Padua* wieder auf. Sie kreuzte am 28. April auf der Morgenwache den Äquator, mittags folgte die *Priwall*, aber es wurde Abend, bis auch die *Passat* die Linie überquert hatte. Das

Rennen war wieder völlig offen, und jede der drei Viermastbarken konnte als erstes Schiff Lizard passieren.

Der langsam einsetzende Nord-Ost-Passat kam den bei Blohm & Voß gebauten Viermastbarken *Passat* und *Priwall* besser zupaß. Sie segelten der *Padua* einfach davon. Nur einen so gestandenen Mann wie Jürgen Jürs konnte das nicht beeindrucken. »Die Erde ist rund«, knurrte er nur und drehte sich auf dem Sofa auf die andere Seite.

Am 4.Juni 1934 um die Mittagszeit tauchte die *Passat* vor Lizard auf. Sjøgren setzte sich mit der Signalstelle in Verbindung. Die vorliegende Order der Reederei hieß ihn, nach Dublin zu segeln. Einen Tag später passierte die *Padua* Lundy Island und konnte vor Sonnenuntergang vor Barry den Anker werfen, um am nächsten Tag in den Bristol Kanal einzulaufen. Keine Frage, die Viermastbark *Passat* hatte dieses »Weizenrennen« für sich entschieden, denn Sjøgren hatte 107 Seetage gebraucht um von Australien nach England zu segeln, während die beiden Hamburger Viermaster zwei Tage mehr benötigten. Die *Padua* löschte ihre Ladung in Avonmouth, die *Priwall* in Liverpool.

Die Royalsegel werden geborgen.

DIE ACHTZEHNTE REISE

Kapitän: Gerhard Sjøgren
1. Offizier: Edgar Karlssen, 2. Offizier: Algot Jeusien, 3. Offizier: A. Kjell

27. September	1934	Die Viermastbark *Passat* beendet ihre Liegezeit in Mariehamn und verholt nach Kopenhagen in die Werft.
8. Oktober	1934	Ausgedockt und in den Sund geschleppt, auf Reede geankert, neben *Parma* und *Mozart*. Die Besatzung wohnt mittschiffs, achtern sind die Passagiere untergebracht.
14. Oktober	1934	Das Schiff segelt bis Helsingör und ankert erneut. Sturm.
17. Oktober	1934	Die Reise nach Australien beginnt.
22. Oktober	1934	Starker Sturm, Schiff dreht bei. Das Kreuzuntermarssegel fliegt zerfetzt ab.
25. Oktober	1934	*Passat* segelt durch die Shetland-Inseln.
31. Oktober	1934	Die Viermastbark *Pamir* kommt in Sicht.
8. November	1934	*Pamir* immer noch in Sicht. Die *Passat* kreuzt vor der Insel Palmas.
19. November	1934	Die Viermastbark *Padua* ist in Sichtweite.
24. November	1934	Äquatortaufe. Kapitän verschenkt Rum und Zigaretten, aber auch die Passagiere verteilen kleine Geschenke. Der Donkeymann bricht sich zwei Rippen.
1. Dezember	1934	Die *Pamir* ist wieder in Sicht.
10. Dezember	1934	Die *Padua* taucht wieder auf. Wale umkreisen das Schiff. Sehr hohe Westdünung. Besansegel geht kaputt.
18. Dezember	1934	Das kleine Schwein fällt außenbords und geht verloren.
22. Dezember	1934	Das zweite Schwein wird geschlachtet.
24. Dezember	1934	Abends gutes Essen und eine Flasche Bier pro Kopf. Kapitän und Passagiere verteilen Geschenke.
8. Januar	1935	Die *Passat* erreicht Port Victoria und ankert. *Padua, Priwall* und drei weitere Segler liegen bereits auf Reede.
23. Januar	1935	Ballast gelöscht.
10. Februar	1935	Vier Schweine werden an Bord gebracht.
14. Februar	1935	*Padua* fertig mit Laden.
15. Februar	1935	Die *Passat* beendet das Laden und wird seeklar gemacht.
17. Februar	1935	Die Viermastbark verläßt die Reede.
25. März	1935	Der Meridian von Kap Hoorn wird erreicht.
22. April	1935	Nordwärts segelnd wird die Linie geschnitten.
28. Mai	1935	Fest im Löschhafen Queenstown. Ende der Reise nach 100 Tagen und 6 Stunden.
7. Juni	1935	Die *Passat* wird nach Glasgow geschleppt. Am nächsten Tag bricht die Schlepptrosse. Zum Glück sind einige Segel gesetzt.
9. Juni	1935	Pfingstsonntag. Das Abschleppen der Segel beginnt.
10. Juni	1935	Fest in Glasgow.
17. Juni	1935	Herbert Scheuffler, der einzige deutsche Matrose auf dieser Reise, mustert ab.
19. Juli	1935	Die *Passat* ankert vor Mariehamn.

Mal gewinnt man, mal verliert man . . .

Nach kurzem Aufenthalt im Dock in Kopenhagen, der Boden des Schiffes mußte vor Antritt der langen Reise unbedingt gereinigt und neu konserviert werden, verließ die Viermastbark die dänische Hauptstadt. Ungünstige Winde zwangen den Kapitän, in Sichtweite von Helsingör zu ankern. Als endlich der Wind drehte, gab es kein Halten mehr. Die *Passat* kreuzte, so gut es im beengten Fahrwasser ging, durch Kattegat und Skagerrak, segelte um Großbritannien herum, bis sie endlich den freien Seeraum erreicht hatte, den sie zur Entfaltung ihrer Möglichkeiten brauchte. Südwestlich von Irland segelte die Viermastbark *Priwall*, und mit widrigen Winden hatte die *Padua* im Englischen Kanal zu kämpfen. An Bord befand sich Erich Laeisz. Er benutzte sein Schiff, um auf höchst angenehme Weise nach Teneriffa zu gelangen. Von einer richtigen Regatta konnte unter diesen Umständen nicht gesprochen wer-

Die Viermastbark verläßt mit 4 700 Tonnen Weizen Wallaroo.

den, und doch wurde sie es im weiteren Verlauf, weil sich *Passat* und *Priwall* am 18. November auf 7° nördlicher Breite begegneten.

Sofort entfachte das von den Schiffsoffizieren geschürte Fieber an Bord beider Schiffe. Es ging um die immer erneut gestellte Frage, welches das schneller segelnde Schiff ist. Das hatte auch mit dem eigenen Stolz zu tun. Von nun an wurde jeder Handgriff im Rigg rascher ausgeführt.

Über Funk tauschten die Kapitäne Jürs und Clauß Grüße aus und staunten nicht schlecht, als ein weiterer Tiefwassersegler in Sicht kam, die *Passat*. Es war fast wie in glorreichen Windjammertagen. Tagsüber ließ keiner die Masten der anderen Schiffe aus den Augen. Jedes Segelmanöver wurde beäugt und kommentiert. In den Nächten fielen die Entscheidungen. Plötzlich war die *Priwall* entschwunden. Sie meldete sich auch über Funk nicht, so sehr sich der 3. Offizier auf der *Padua* auch bemühte. Ein paar Tage später, in der Nacht zum 20. November, glaubten die Paduaner, die *Passat* abgehängt zu haben. Doch sie irrten, denn 20 Tage später näherten sich die beiden Tiefwassersegler wieder auf Sichtweite. Obwohl sie auf dem gleichen Bug lagen, ging der Sichtkontakt nach Einbruch der Dunkelheit wieder verloren, und unaufhaltsam zog nun die *Padua* davon.

Weihnachten hatte sie einen Vorsprung von über 120 Seemeilen herausgesegelt. Was nützte es noch, wenn auf der *Passat* 16 Knoten geloggt wurden: Die jüngere *Padua* machte das Rennen und ankerte am 6. Januar vor Port Victoria, zwei Tage nach der *Priwall*, aber zwei Tage vor der *Passat*.

Mit dem Ergebnis konnten alle drei Kapitäne zufrieden sein: Sjøgren, Jürs und Clauß. Sie waren fair genug, auch die Leistungen anderer anzuerkennen, was nicht heißt, daß die auf die Plätze verwiesenen nicht nach Gründen und Entschuldigungen suchten.

Nach 15 000 Seemeilen: »Padua« vor »Passat«

Leider war die *Priwall* drei Tage früher beladen und in See gegangen. So richtete sich das Augenmerk der Besatzungen von *Padua* und *Passat* auf das bevorstehende Duell dieser beiden Viermastbarken. 4670 Tonnen Weizen lagerten in den Laderäumen der *Passat*.

Nur 200 Tonnen weniger hatte die *Padua* geladen. Sie lag seeklar vor Anker, mußte jedoch auf die Papiere warten, die immer noch nicht aus Adelaide eingetroffen waren, ein Zustand, der die Nerven des Kapitäns strapazierte. Sie kamen erst am nächsten Tag, da aber hatte der Wind schon gedreht und wehte so ungünstig, daß ein Auslaufen nicht möglich war. Erst am 17. Februar sprang der Wind um. Bald darauf klapper-

Eine Woche weht es ununterbrochen. Eine See ist ins Logis geschlagen und hat es weitgehend unbewohnbar gemacht, so daß wir in der Segelkammer pennen müssen. Unsere Klamotten sind naß, der Koch kann die Pötte nicht auf dem Herd halten, und die ausgeteilte Kaltverpflegung ist mehr als dürftig. 36 Tage nach Abfahrt liegt Kap Hoorn querab. Wir sehen es nicht, aber wir ahnen es.«

ten auf *Padua* und *Passat* die Winden. Noch bevor die Anker aus dem Grund gebrochen waren, standen die ersten Segel. Auf der *Padua* ging die Arbeit flotter voran, was Papa Jürs zu einem schmierigen Grinsen veranlaßte. Wie immer mußte Sjøgren mit weniger Leuten auskommen, Erikson sparte, wo immer er konnte. In einer Anwandlung von Güte brachte Jürs »three cheers« für den Rivalen aus.

An Deck der *Passat* war buchstäblich der Teufel los. Kaum hing der Anker vor der Klüse, fiel das Schiff über den falschen Bug an. Sjøgren blieb keine andere Wahl, als den Anker noch einmal zu werfen. Entscheidende Zeit ging verloren, aber sie spielte bei dem bevorstehenden Rennen über 15 000 Seemeilen keine ausschlaggebende Rolle, oder doch?

Wie auch immer: Der frische Wind drückte in die Segel der *Padua*, und bald verschwanden die Toppen der Masten jenseits der Horizontes. Nachdem die *Passat* am 19. Februar auf den anderen Bug gelegt worden war, trauten die Männer zunächst ihren Augen nicht, als sie abends das Rigg einer Viermastbark ausmachten. Kein Zweifel, es war die längst enteilt geglaubte *Padua* mit ihren hohen Stengen. Und noch ein Segler kreuzte gegen den Wind an, die Bark *Killoran*.

Olof Granquist aus Schweden hat seine Erinnerungen an die Reise in der Zeitschift »De vära i främmende Land« publiziert: »Eine See, größer als die meisten anderen, bricht plötzlich hoch über die Reling herein. Bevor ich Zeit habe, eine Warnung zu brüllen, hat die See die Leute an der Fockschot unter sich begraben. Ich lasse mich an der nächsten Pardune abwärts rutschen. Inzwischen ist das meiste Wasser abgeflossen. Meine Kameraden rappeln sich hoch. Es scheint ihnen weiter nichts passiert zu sein. Einer aber fehlt, der 2. Steuermann. Wir finden ihn ohnmächtig am Fockmast liegen. Er wird zum Kapitän gebracht, der ihn sofort verarztet. Das linke Bein ist gebrochen. Damit ist nicht zu spaßen. Es wird Monate dauern, bis ihn ein richtiger Arzt behandeln kann. Er wird in seiner Koje festgezurrt, damit ihm nichts passiert.

Zu dieser Zeit segelte die in Hamburg beheimatete *Padua* unter Kapitän Jürs schon 200 Seemeilen entfernt, die Paduaner glaubten, einen uneinholbaren Vorsprung gewonnen zu haben. Der Süd-Ost-Passat brachte nicht den erwarteten Wind, er wehte gelegentlich sogar aus der verkehrten Richtung. So schmolz der Vorsprung der *Padua* zusammen. Die Männer auf der *Passat* wußten nicht, wo sich die Hamburger Viermastbark befand. Als am 17. April die Mastspitzen eines Rahseglers auftauchten, gelang es keinem, das vor ihnen liegende Schiff zu identifizieren. Erst am nächsten Tag, sie hatten weiter an Boden gutgemacht, ragte das volle Rigg über den Horizont, und da waren sie, die hohen Stengen der *Padua*.

Glück muß man haben und einen Kapitän, der den richtigen Wind riechen kann!

Am Ostersonntag konnten die Offiziere beider Schiffe auf der Abendwache Informationen per Morselampe austauschen. So erfuhren sie von der *Padua*, daß die drei volle Tage vor ihnen aus Australien abgesegelte *Priwall* bereits bei den Kapverdischen Inseln stand. In der Nacht zum 22. April passierten beide Viermastbarken die Linie und näherten sich am Tage bis auf Rufweite. Die Freude auf der *Passat* steigerte sich, als die Männer feststellten, daß die *Padua* das Tempo nicht mithalten konnte. Um seinen Männern den Anblick zu ersparen, ließ Jürs das Schiff vom Kurs abfallen, und die *Passat* kam außer Sicht.

In der Nacht zum 28. Mai erreichte die Viermastbark *Passat* Queenstown. Sjøgren wartete mit dem Einsegeln bis zum Morgengrauen und ärgerte sich, als er die *Padua* mit festgezurrten Segeln auf der Außenreede entdeckte. Damit hatte die *Padua* ihre im vergangenen Jahr erlittene Niederlage bei der »Weizenregatta« wettgemacht. Bleibt festzuhalten, daß auf dieser rund 15 000 Seemeilen langen holprigen Seestrecke beide Viermastbarken eine hervorragende Leistung zeigten, die den Seeleuten zur Ehre gereichte.

DIE NEUNZEHNTE REISE

Kapitän: Gerhard Sjøgren

21. September	1935	Unter Führung von Kapitän Sjøgren verläßt die Viermastbark *Passat* ihren Heimathafen Mariehamn und begibt sich auf die Reise nach Australien. Es soll nach dem Willen des Kapitäns seine letzte sein, die er auf einem Tiefwassersegler macht. Danach will er einen Dampfer von Erikson übernehmen. Der finnische Reeder hat zunehmend Schwierigkeiten, geeignete Kapitäne zu finden, die das notwendige Rüstzeug mitbringen, einen Rahsegler zu kommandieren.
4. Oktober	1935	Nach Docken und Unterwasseranstrich in Kopenhagen segelt der Kapitän via Kattegat und Skagerrak um Großbritannien herum nach Australien.
5. Januar	1936	Nach 93 Tagen auf See ankert die *Passat* vor Port Victoria. Ein mehr als zufriedenstellendes Ergebnis bei Berücksichtigung der Personalpolitik der finnischen Reederei.
15. Februar	1936	Mit einer vollen Ladung Weizen kreuzt die *Passat* aus dem Spencer-Golf hinaus in die freie See und macht sich auf den Heimweg nach Europa.
12. Mai	1936	Nach einer schnellen Reise von nur 87 Tagen übernimmt die *Passat* vor Queenstown den Hafenlotsen.
20. Juni	1936	Nach Löschen der Ladung und Übernahme von Sandballast versegelt die Viermastbark nach Finnland.
19. Juli	1936	Das Schiff ankert auf der Reede vor Mariehamn. Ende der Rundreise. Kapitän Sjøgren geht wie vorgehabt von Bord und übernimmt den Dampfer *Yrsa*. Im hohen Alter von 84 Jahren starb der Sjökapten Gerhard Sjøgren am 25. März 1980 im eigenen Bett, wie sich das für einen tüchtigen Seemann geziemt.

Die »Passat« vor Port Lincoln.

Sturz von der Fockrah

Es war im September 1935. In dem kleinen finnischen Hafenstädtchen Mariehamn in der Alandsee herrschte lebhaftes Treiben, war doch die Zeit gekommen, daß Eriksons Tiefwassersegler auf große Fahrt gingen, um rechtzeitig zur Weizenernte drüben in Australien zu sein. Wer zu spät kam, lief Gefahr, keine Ladung zu bekommen. Da galt es, rechtzeitig aufzubrechen.

Nicht weit vom Ufer entfernt dümpelte die *Passat* auf der Reede im seichten Wasser in einer kurzer See. Es lag Wind in der Luft, der Herbst war nicht mehr fern mit seinen Stürmen. Gustav Lange kam vom Urlaub zurück. Sechs Wochen war er in Deutschland gewesen. Trotz wehmütigen Abschieds von zu Hause war seine Stimmung angesichts des Schiffes gut. Er freute sich, wieder in seiner alten Koje zu liegen. Mit der reedereieigenen Barkasse setzte er über und stiefelte das vertraute Fallreep hoch. An Deck empfing ihn als erster einer seiner alten Kumpels. Sie schlugen sich gegenseitig auf die Schulter, grinsten und drückten sich kraftvoll die Hände. Danach meldete sich Lange beim 1. Offizier zurück an Bord.

Er hatte gerade noch Zeit genug, um seine Siebensachen zu verstauen, also rein ins saubere Takelpäckchen und die Segel untergeschlagen. Neben ihm auf der Rah stemmte Peter aus

Blick von der »Passat« auf einen Teil von Mariehamn.

Sundsvall seine Füße ins Fußpferd. Die beiden jungen Seeleute verband eine feste Freundschaft. Sie hatte sich auf der letzten Reise bestens bewährt, als Hans an Land in Australien plötzlich in eine Schlägerei mit britischen Seeleuten geraten war. Zur rechten Zeit war Peter aufgetaucht. Das Messer saß locker im Gurt. Peters Mutter hatte sich angesagt und wollte liebend gerne mit der *Passat* nach Kopenhagen segeln, doch Peter traute sich nicht, zum Alten zu gehen und um Erlaubnis zu bitten. Also machte sich Gustav auf den Weg in die Kapitänskajüte. Sjøgren hatte nichts dagegen einzuwenden.

In aller Herrgottsfrühe hieß es am nächsten Morgen »Rejs opp alle man!« und wenig später, die meisten saßen noch an der Back und frühstückten, »Anker auf!« Der Wind war umgesprungen und wehte steif aus Westsüdwest. Wenn der Alte raus geht, heiße ich Gustav, dachte der Leichtmatrose. Er irrte sich, Sjøgren wagte den Sprung, die *Passat* wurde hinausgeschleppt, bis die Alandsee hinter ihr lag. Für einen Tiefwassersegler ist die Ostsee ein Tümpel. An eine Besserung der Wetterlage war nicht zu denken, das Barometer saß »down below« im Kellerloch, und die Nadel rührte sich nicht von der Stelle. Abends bei Wachwechsel standen im Vor-, Groß- und Kreuztopp nur noch Fock, Untermars und Obermars. Das Schiff lag dicht bi de Wind gebraßt und hart über.

»Die Nacht wird uns zu schaffen machen«, sagte Gustav zu seinem Freund, und Peter nickte zustimmend. Er hatte sich nicht getäuscht. Kaum lag er in der Koje, als ihn das Kommando »Freiwache an Deck! Gei auf die Fock!« aus dem Schlaf riß.

Stockfinster war die Nacht. Gustav konnte die Hand nicht vor den Augen sehen. Schwer holte die *Passat* über. Mit vereinten Kräften wurde aufgegeit, Gordings durchgeholt und »rauf auf die Rah«, das Segel dicht gemacht.

Um Mitternacht schälte sich das Leuchtfeuer von Neufahrwasser aus der Dunkelheit, morgens stand der Viermaster schon wieder vor der schwedischen Küste. Zum Glück hatte das Wetter etwas aufgeklart. Bei Wachwechsel sollten mit beiden Wachen verschiedene Segel wieder in den Wind gesetzt werden.

Zehn Minuten vor acht Uhr. Schnell noch einen unentbehrlichen »Smoke«, als Gustav einen eigentümlichen Aufschlag vernahm, aber keinen Aufschrei.

»Verflucht, da ist einer von oben gekommen,« hörte Gustav den 2. Offizier sagen. Gustav hielt inne. Es war sein Freund Peter, der auf der Luke lag. Er war von der Fockrah abgestürzt, zum Glück hatte er sich beim Fallen in den Tauen verheddert. Nach Australien konnte er nicht mit, er mußte so schnell wie möglich ins Krankenhaus. So nahm die *Passat* Kurs auf Visby Reede. Ein Lotsenkutter holte den schwer atmenden Kumpel ab. Mit ihm verließ seine Mutter das Schiff. Gustav selbst hatte kaum Gelegenheit, sich von seinem Macker zu verabschieden. Peter soll, so hörte er später, als die *Passat* wieder auf Reede vor Mariehamn lag, seinen inneren Verletzungen erlegen sein.

Die zwanzigste Reise

Kapitän: Ferd Grönland

20. September	1936	Mit einem neuen Kapitän an Bord verläßt die *Passat* die Reede von Mariehamn und segelt zunächst nach Kopenhagen.
11. Oktober	1936	Die längere Verweildauer in der Werft läßt darauf schließen, daß nicht nur ein neuer Unterbodenschutz aufgetragen worden ist. Wahrscheinlich mußten Reparaturen ausgeführt werden, die im Heimathafen mit den zur Verfügung stehenden Mitteln nicht gemacht werden konnten. Am späten Nachmittag wird die *Passat* aus dem Hafen geschleppt.
20. Januar	1937	101 Tage braucht die Viermastbark auf dieser Reise für die Seestrecke Europa — Australien. In Port Victoria wird nach Abgabe des Sandballastes mit dem Laden begonnen.
18. Februar	1937	Das Schiff ist seeklar, die Anker sind an Deck. Die Reise nach Falmouth for Order beginnt mit günstig wehendem Wind, der die Viermastbark schnell von der Küste bringt.
23. Mai	1937	Nach 94 Tagen auf See endet die Reise im Hafen von Barry. Am nächsten Tag wird mit dem Löschen der Weizenladung begonnen.
24. Juni	1937	Die *Passat* segelt um Skagen herum und legt in Aarhus, Dänemark, auf. Ende der Rundreise. Offiziell heißt es, daß sich der Reeder mit dem Gedanken trägt, seine Segelschiffe nicht mehr von ihrem Heimathafen Mariehamn aus die Reise nach Australien antreten zu lassen. Die Fahrten durch die Nord- und die Ostsee bedeuten zu große Zeitverluste.

Unterröcke an Bord

Viel mehr als bei Dampfern und Motorschiffen kommt es bei Segelschiffen auf die Besatzung an. Kapitän Erikson hatte Auswahl genug. Aus allen Ländern kamen sie zu ihm. Er aber nahm nur ganz junge Leute auf seine Segelschiffe und wußte sich in guter Position, denn die meisten Staaten schrieben für ihren Steuermannsnachwuchs eine bestimmte Segelschiffszeit vor.

Da die wenigsten Länder noch solche Fahrzeuge unterhielten, waren die jungen Leute auf Laeisz und Erikson angewiesen. Diese sogenannten Steuermannslehrlinge, Kadetten oder Zöglinge, waren durchschnittlich sechzehn bis siebzehn Jahre alt und mußten in den ersten beiden Jahren je fünfzig Pfund Sterling zuzahlen, wovon sie einen geringfügigen Betrag als Taschengeld zurückerhielten. Anschließend fuhren sie noch zwei Jahre als Vollmatrosen und erhielten eine Grundheuer von fünfundzwanzig Mark. Genauso jung wie die Mannschaften vor dem Mast waren die Achtergäste. Einundzwanzig und zweiundzwanzig Jahre junge Steuerleute waren die Regel, und Kapitäne von vierundzwanzig Jahren bei Erikson nicht selten. Wenn Matrosen und Offiziere auch nicht über die Erfahrung alter Seeleute verfügten, so waren sie dafür zäh, nicht weniger unverdrossen und einsatzbereit.

Bekanntlich bringen Unterröcke an Bord Unglück. Für die Erikson-Segler war dieser Aberglaube außer Kraft gesetzt worden. Viele seiner Schiffe hatten Frauen an Bord, auch die *Passat*. Die erste, die sich zum Schiffsdienst bei dem Reeder meldete, war ein hübsches Mädchen von siebzehn Lenzen. Erikson hatte so seine Bedenken, er glaubte, die Besatzung könnte mit verrenkten Hälsen im Spencer Golf ankommen. Doch Inga Ringström kam gut mit allen aus. Folglich musterten nun öfter Frauen von den Åland-Inseln auf seinen Segelschiffen an, häufig waren es auch Mütter seiner Matrosen. Das wirkte sich zum Segen für die Mannschaft aus, denn wie an Land sorgte jetzt eine Frau für ihre vielen Söhne, stopfte deren Strümpfe, setzte Flicken in ihre Hosen ein, kochte und verband kleine Wunden und Schrammen.

Passat

DIE EINUNDZWANZIGSTE REISE

Kapitän: Nils Erikson

13. August	1937	*Passat* verläßt Aarhus und segelt nach Trangsund im Finnenbusen, um Holz zu laden.
2. September	1937	Die zweite Weltumseglung beginnt. Die Viermastbark verläßt Trangsund. Über Kattegat und Skagerrak gewinnt die *Passat* den freien Seeraum.
26. November	1937	Nach 85 Seetagen erreicht das Schiff East London in Südafrika, um die Ladung zu löschen.
24. Dezember	1937	Am Heiligabend macht sich die *Passat* in Ballast segelnd auf den Weg nach Australien.
21. Januar	1938	Nach 28 Tagen auf See fällt der Anker auf der Reede von Port Lincoln.
4. März	1938	Einen Monat später als üblich begibt sich die *Passat*, beladen mit Weizen, auf die Heimreise.
10. Juni	1938	*Passat* meldet sich vor der Orderstation Falmouth im Englischen Kanal und segelt anschließend weiter nach Hull. Ende der Reise nach 98 Seetagen, ein gutes Ergebnis.
20. Juli	1938	Nach Löschen der Ladung und Übernahme von 1600 Tonnen Ballast segelt die *Passat* nach Finnland.
4. August	1938	Ankunft auf der Reede von Mariehamn. Kapitän und Crew werden abgemustert. Ende der Rundreise.

Wer ohne Glück segelt ...

Seit 1932 hatte Erikson sieben seiner Segelschiffe verloren, von denen nur ein Verlust durch Versicherung gedeckt war. 1932 wurde in der Irischen See die *Melbourne* gerammt. Es war dies ein altes Hamburger Schiff, die *Gustav* von H. Engel. Im selben Jahr segelte die Viermastbark *Hougemont* unter der australischen Küste ihr gesamtes Rigg über Bord. Nach Adelaide eingeschleppt wurde der Windjammer nicht wieder hergestellt, die Kosten waren für Erikson nicht annehmbar. Er verkaufte den Rumpf, der als Wellenbrecher in der Marion Bai, Victoria, versenkt wurde. 1936 kollidierte die *Parma* mit einer Kaimauer im schottischen Glasgow und wurde dort abgewrackt. Im Sommer strandete an der englischen Südküste die *Herzogin Cecilie*. Wer ohne Glück segelt, geht leicht verloren.

Ein Segelschiffskapitän mußte tüchtig sein, sonst gab ihm kein Reeder ein Schiff, mehr aber noch mußte er den Wind riechen können und mit der Göttin Fortuna verheiratet sein. Die Viermastbark lag tief im Wasser, als die beiden Schlepper sie auf den Haken nahmen und aus der Bucht zerrten. Zurück blieben Bekannte und Freunde. Die Männer an Bord hatten den Abschiedsschmerz bald verdaut, die Arbeit lenkte sie ab, es blieben ihnen ja die Träume und die Erinnerungen. Einer der Schlepper befreite sich, er warf die Trosse los, der andere trollte sich mit der Viermastbark in gemächlichem Tempo in das windstille Meer hinaus. Er begleitete die *Passat* eine gute Stunde lang, dann standen alle Segel, es fehlte nur der Wind, der sie mit Leben füllen sollte. Eine hohe Dünung rollte auf die Küste zu, als ob irgendwo Sturm gewesen wäre. Über der See hing ein wolkenloser blauer Himmel. Die noch an Deck verbliebenen Stühle machten die großen Bewegungen des Schiffes mit. Vorkante Brückendeck stand regungslos der Kapitän. Er wartete auf Wind für sein Schiff. Sein dicker Kopf war mit einer Seemannsmütze bedeckt, die nur einen Teil des Schädels umspannte. Längst war der Schlepper wieder auf seiner Position, der Tag verging, die Nacht fiel über das Schiff, das immer noch in der Dünung von einer auf die andere Seite geschleudert wurde. Die gesamte Takelage zitterte. Wäre sie weniger stabil gewesen, die Stengen hätten diese Belastungen nicht ausgehalten.

Wie aus dem Nichts heraus wehte es plötzlich aus sämtlichen Knopflöchern. Die *Passat* legte sich hart auf die Seite und preschte vorwärts. Hell leuchtete die Bugsee. Der Himmel hatte sich zugezogen, kein Stern war mehr zu sehen. Ein Segel barst, ein anderes folgte, flog davon. Schäumendes Wasser an Deck. Es waren weder Strecktaue, noch Leichenfänger gespannt, und trotzdem mußten die Wachen an Deck. Bis zur Schulter standen die Männer im Wasser, wurden von den überstürzenden Massen von den Beinen gerissen, rappelten sich wieder hoch. Beide Steuerleute waren im Rigg, um zu bergen, was irgendwie möglich.

Der Alte, in einen schwarzen langen Ölmantel gehüllt, lehnte mit dem Rücken gegen das Kompaßhäuschen. Der Orkan hatte ihn überrumpelt. Das konnte nur geschehen, weil er einige Zeichen nicht richtig eingeordnet hatte. Er war noch an Land gewesen, hatte zum Abschied ein paar Gläser getrunken. Keiner wußte so gut wie er, wie ernst die Lage war. Es gab keinen zuverlässigen Standort. Sicher war, daß der Sturm die *Passat* auf die Küste drückte. Er wußte nicht, wie weit sie noch entfernt war, wie schnell das Schiff trieb. Die meisten Segel hingen in Fetzen von den Rahen. Es gab keine andere Wahl, als das Schiff an den Wind zu legen und zu beten.

Für die Männer beider Wachen gab es kein Atemholen, es mußten neue Segel angeschlagen werden, nicht irgendwann, sondern in dieser Nacht, und die Männer murrten nicht. Sie fragten nicht, vielleicht hatten sie auch Angst vor der Antwort, sie brachten so viele Segel an, wie unbedingt notwendig waren, um wieder segeln zu können. Als einer der Steuerleute aus dem Mast laut singend dem Kapitän ein Landfeuer meldete, hatte der die *Passat* wieder in fester Hand. Segel standen steif wie Bretter im Sturm, das Landfeuer versank hinter dem Horizont.

Die zweiundzwanzigste Reise

Kapitän: L.A. Lindvall

20. September 1938	Die letzte Reise der Viermastbark *Passat* vor dem Zweiten Weltkrieg beginnt mit der Verlegung des Schiffes von Mariehamn nach Kopenhagen in die Werft.
24. September 1938	Nach Ausrüstung des Schiffes und Erneuerung des Unterbodenschutzes segelt das Schiff via Kattegat und Skagerrak nördlich um Großbritannien herum nach Australien.
24. Dezember 1938	Am Heiligabend nach 92 Tagen auf See erreicht der Windsack den Hafen Port Lincoln und löscht zwischen den Feiertagen den größten Teil des Sandballastes. Doch vorerst gibt es keine Ladung. Das Schiff muß warten.
9. März 1939	Endlich können die Luken geschlossen werden. Mit einer vollen Ladung Weizen, rund 4 500 Tonnen, macht sich die Viermastbark auf den Heimweg nach Europa.
15. Juni 1939	Das Schiff passiert nach einer Reisezeit von 98 Seetagen Lizard. Nach der vorliegenden Order halst die Viermastbark und nimmt Kurs auf Belfast.
19. Juni 1939	Lotse an Bord, Leinen fest im Löschhafen.
28. Juli 1939	Mit rund 1500 Tonnen Ballast im Unterraum begibt sich die *Passat* auf den Weg nach Finnland. Keiner an Bord ahnt, daß es für lange Zeit die letzte große Reise sein wird.
24. August 1939	Die *Passat* ankert vor ihrem Heimathafen. Ende der Rundreise.

Die Zeit im Krieg

Als der Anker der *Passat* auf der Reede vor Mariehamn fiel, ahnte Gustav Erikson nicht, daß die Viermastbark für sehr lange Zeit beschäftigungslos liegen bleiben würde. Wie es seine Art war, begab er sich als einer der ersten an Bord, um mit Kapitän Lindvall über die abgelaufene Rundreise zu sprechen und die unvermeidlichen Schäden zu besichtigen. Sie blieben nicht aus und mehrten sich mit dem zunehmenden Alter des Schiffes. Verschleißerscheinungen, meinte der Kapitän. Was irgendwie möglich war, wurde entweder mit Bordmitteln behoben oder von den eigenen Leuten. Fremde Werften waren dem sparsamen Reeder ein Greuel. Es ärgerte ihn schon genug, daß er sie beim Anstrich des Unterwasserschiffes in Anspruch nehmen mußte, denn ein so großes Dock hatte Erikson leider nicht.

So ging zunächst auf der *Passat* und in der Reederei an Land alles seinen normalen Gang. Wie üblich musterte die Besatzung ab, bis auf die Seeleute, die unbedingt an Bord bleiben und die nächste Reise wieder mitmachen wollten. Mit Ausbruch des Zweiten Weltkrieges am 1. September 1939 änderten sich auch für den finnischen Reeder die Bedingungen. Eriksons ganze Hoffnung, daß die Kampfhandlungen mit der Niederlage Polens beendet sein würden, erfüllte sich nicht. Es

kam noch schlimmer: Mit etwa 30 Divisionen begannen die sowjetischen Streitkräfte am 30. November 1939 den Angriff auf breiter Front. Der finnische Feldmarschall Mannerheim konnte ihnen nur 10 Divisionen und 7 gemischte Brigaden entgegenstellen. Sie konnten zwar die sowjetische Agression zum Stillstand bringen, doch Anfang März 1940 war die finnische Regierung gezwungen, Friedensverhandlungen aufzunehmen. Zwar mußte Finnland die Karelische Landenge an die Sowjetunion abtreten und einige Stützpunkte an der finnischen Südküste, doch das Land vermochte seine Unabhängigkeit zu bewahren.

Am 6. Juli 1944 konnte Erikson die *Passat* verchartern. Er brachte sie auf diese Weise auch aus der Schußlinie, denn die Niederlage Deutschlands zeichnete sich bereits ab. Im Schlepp verließ das Schiff Mariehamn und wurde als schwimmendes Getreidesilo in Stockholm aufgelegt. Zu dieser Zeit stießen sowjetische Panzerverbände schon auf Riga zu und hatten Tukkum in Estland erobert.

Dann war der Krieg vorbei. Auch Finnland mußte an die Sowjetunion Reparationszahlungen leisten. Gustav Erikson hatte die Barken *Penang* und *Killoren* und den Viermaster *Olivebank* verloren. *Lawhill*, *Pamir* und *Archibald Russel* waren als Prisen aufgebracht oder beschlagnahmt worden. In Mariehamn lagen die *Moshulu*, *Pommern* und *Viking*. Die *Passat*, wie schon gesagt, brachte Geld als Getreidesilo in Stockholm ein.

DIE DREIUNDZWANZIGSTE REISE

Kapitän: Ivar Hägerstrand

21. Dezember 1945		Mit wertvoller Ladung, dem sich im Schiff befindlichen Getreide, kehrt die *Passat* im Schlepp nach Finnland zurück und wird in Åbo entladen. Anschließend verlegt sie nach Mariehamn.
28. September 1946		Wie vor dem Krieg rüstet Erikson seine Segelschiffe im Herbst aus, um rechtzeitig zur Weizenverschiffung in Australien auf Reede zu liegen. Inzwischen gibt es auch in Finnland passende Dockmöglichkeiten für größere Schiffe. Statt wie vor dem Krieg in Kopenhagen erhält die *Passat* den Unterwasserbodenanstrich nun in Helsinki. Anschließend verholt das Schiff im Schlepp nach Kotka.
2. November 1946		*Passat* macht im Holzhafen fest.
8. Dezember 1946		Mit Holz beladen verläßt die Viermastbark den Hafen. Die Reise beginnt mit einer kleinen Katastrophe. Hinter dem Schlepper laufend, bricht die Trosse. Die *Passat* treibt sofort ab und kommt auf Grund fest. Sie wird zurückgeschleppt zwecks Bodenuntersuchung durch einen Marinetaucher, der keine schweren Verwerfungen feststellen kann. Bei der nächsten Ausreise hat der Kapitän vorsorglich zwei Schlepper angefordert, einer kentert und nimmt acht Mann seiner Besatzung mit in die Tiefe.
16. Dezember 1946		*Passat* läuft den südschwedischen Hafen Karlshamn an, um 16 Passagiere aufzunehmen, die sich in Südafrika seßhaft machen wollen. Der an Bord befindliche Kapitän wird aus Krankheitsgründen durch Ivar Hägerstrand abgelöst. Stopp in Kopenhagen.
1. Januar	1947	Die *Passat* passiert Helsingör. An Segeln ist natürlich nicht zu denken, die engen minenfreien Zwangswege lassen das nicht zu. Erst als Skagen umrundet wird, kann Hägerstrand den Seeschlepper entlassen. Auf der Reise durch die Nordsee, um Schottland herum, muß die *Passat* einen Winterorkan abwettern, der 15 Stunden lang aus Südost weht und Schiff und Besatzung schwer zu schaffen macht. Hinzu kommt, daß plötzlich Wasser in den Bilgen steht. Das Leck wird nicht gefunden, bereitet dem Kapitän aber große Sorgen. Wie sich später zeigt, war nur ein Rohr gebrochen.
22. März	1947	Nach 80 Tagen auf See erreicht der Viermaster Kapstadt, die 16 Passagiere verlassen das Schiff.
29. April	1947	*Passat* verläßt Kapstadt und segelt weiter
9. Mai	1947	Fest im Löschhafen Durban.
22. Mai	1947	Ab Durban.
24. Mai	1947	Leinen fest in East London. Rest der Ladung wird gelöscht und Ballast übernommen.
14. August	1947	*Passat* verläßt Südafrika und segelt nach Australien.
4. September 1947		Schiff erreicht nach 21 Seetagen Bunbury an der Westküste Australiens.
17. Oktober	1947	Ab Bunbury.
15. November 1947		Nach 28 Seetagen erreicht der Viermaster Port Swettenham / Malaysien in der Straße von Malakka.
13. Januar	1948	Ladung gelöscht. *Passat* segelt in Ballast nach Port Victoria.
2. März	1948	Nach 50 Seetagen fällt der Anker vor Port Victoria / Australien.
17. Mai	1948	Mit Weizen beladen verläßt die *Passat* den Hafen.
6. Oktober	1948	Nach 141 Seetagen erreicht der Windjammer endlich Falmouth. Schiff löscht die Ladung in Avonmouth. Ende der Reise.

Von den Nächten im Hafen, den Tagen auf See

Als 17jähriger Apprentice befand sich Martin Lee auf dieser Reise, als die *Passat* am 3. März den Ladehafen Port Victoria im Spencer Golf erreichte. In seinem Erinnerungsbuch »Wide Sails and Wheat Stacks« heißt es unter anderem:

»Inzwischen hatte sich an Bord einiges getan. Die Hälfte des Sandballastes war von uns entladen, eine heiße und unerfreuliche Aufgabe, die größtenteils per Hand erledigt wurde. Danach segelte das Schiff näher an die Pier. Als ausreichend in Säcken geladenes Getreide geladen worden war, hievten wir den Anker und ließen uns zu den Ballastgründen treiben, wo wir den Rest ins Wasser warfen. Danach ging es zurück zum Ladeplatz. Wir legten uns vor beide Anker, um den kleinen Lanschen, die unsere Ladung auf die Reede brachten, ein bißchen Lee zu verschaffen.

Die Kaiarbeiter lebten während der Ladearbeiten an Bord. Entspannungen waren selten und wurden behindert durch die Schwierigkeit, überhaupt an Land zu kommen und noch mehr zurück an Bord. Wir wollten mit der letzten Lansch des Tages in ein Hotel, um ein paar weizengelbe Biere zu versenken, bevor die Sperrstunde ausgerufen wurde. Einmal trafen wir einen Farmer in der Bar, der uns zu sich nach Hause einlud. Wir konsumierten eine verheerende Menge einer Mixtur, bestehend aus Whisky und Sherry und hatten einen temperamentvollen Heimweg auf dem Rücken zweier Pferde. Gegen Mitternacht wurden wir an der Pier abgesetzt — zwei Meilen von unseren Kojen entfernt. Das Hotel war zum Glück nicht weit entfernt, und ich brachte es fertig, auf mein Flehen nach Wasser auch Antwort zu bekommen. Einige Zeit später, wir hatten uns ein wenig erholt, erwischten wir eine Mitfahrgelegenheit und fielen unter dem verzerrten, starren Blick von Harald Erlandsson, dem 1. Offizier, an Bord des Bootes. Glücklicherweise konnte das kleine asthmatische Motorboot überredet werden, zu funktionieren, aber es war eine höchst unzuverlässige Art des Transportes. Es wurde häufig gesehen, wie es die Bucht herauf- und heruntertrieb mit einem wildgewordenen Donkeymann, der den »Teufel und sein Aufgebot« gegen den unschuldigen australischen Himmel fluchte und das Innenleben des Bootes attackierte.

Port Victoria war in der Tat ein faszinierender Anachronismus für mich, wie die Segelschiffe, die es stets fertigbrachten, dorthin zu gelangen.«

Aus dem persönlichen Tagebuch des Seemannes Adrian Small's, der ebenfalls diese Reise mitmachte:

»Montag, den 28. Juli, 43 Tage unterwegs.

Position: 53° Süd, 89° West.

Ich verbrachte die ganze Wache auf der Back, um dort kleine Reparaturen durchzuführen, so daß die Segel wieder in die richtige Stellung gebracht werden konnten. Der Wind war sehr böig und steil die See. Die Temperatur betrug −2 Grad.

Dienstag, den 29. Juli, 44 Tage unterwegs.

Position: 54° Süd, 86° West.

Bob und ich standen am Steuerrad bei sehr starkem Seegang. Eine sehr hohe See rollte heran, ich hielt mich am Ruder fest, fürchtete, daß sie an Deck stürzen könnte und war sehr erstaunt, daß nur Spritzwasser meinen Rücken herablief und meine Handschuhe durchnäßte.

In der Nacht herrschte richtiges Kap Hoorn-Wetter. Die See erreichte jetzt auch leicht das Vordeck, während das Achterdeck ununterbrochen unter Wasser stand und die Luken bedeckte. Die Böen erfaßten das Schiff und tauchten es tief ins Meer. Wir mußten die Bramsegel festmachen, und ich fierte an Deck die Schoot, als eine riesige Welle auf Luvseite über die Schanzung stieg und mir die Füße wegriß.«

Weizen für die »Passat« in Wallaroo.

DIE VIERUNDZWANZIGSTE REISE

Kapitän: Ivar Hägerstrand

26. November 1948   Die *Passat* verläßt Avonmouth, um im nahen Talbot zu docken. Außerdem müssen einige Seeschäden beseitigt werden.

18. Dezember 1948   Die Viermastbark verläßt in Ballast Talbot.

29. März 1949   Nach 101 Tagen auf See erreicht die Viermastbark den Ladeplatz Port Victoria in Australien und befreit sich zunächst vom Ballast.

1. Juni 1949   Mit einer vollen Ladung Weizen für Europa verläßt die Viermastbark Port Victoria und segelt um Kap Hoorn nach England. Es beginnt, aber keiner der Beteiligten ahnt es, das letzte »Weizenrennen« in der Geschichte der Windjammer, denn mit der *Passat* hat sich auch die Viermastbark *Pamir* auf den Weg zum Alten Kontinent gemacht.

19. September 1949   Nach 109 Seetagen macht die *Passat* im irischen Queenstown die Leinen fest, die *Pamir* braucht, um nach Falmoth zu kommen, 18 Tage länger.

24. September 1949   4 500 Tonnen Weizen sind gelöscht, das Schiff ist besenrein. Im Schlepp verläßt die *Passat* den Hafen. Es steht keine neue Reise bevor. Die britische Regierung hat das Schiff gechartert.

3. Oktober 1949   In Penarth werden die *Pamir* und *Passat* als schwimmende Getreidespeicher eingesetzt.

5. März 1951   Die Aufliegezeit der beiden Viermastbarken endet mit der Aufkündigung des Chartervertrages. Dank der guten Schrottpreise, die Abwracker zur Zeit zahlen — eine der Auswirkungen des Korea-Krieges — verkaufen Eriksons Erben die beiden unrentablen Windjammer an ein belgisches Abwrackunternehmen. In einem Testament soll Gustav Erikson festgelegt haben, daß seine Segelschiffe niemals zu Motorfrachtern umgebaut werden dürfen. Keiner hat dieses merkwürdige Testament zu Gesicht bekommen.

8. März 1951   Im Schlepp trifft die *Passat* in Antwerpen ein. Der Schrottpreis beträgt 20 000 Pfund Sterling. Das Ende der *Passat* ist gekommen.

Zum letzten Mal um Kap Hoorn

Australien lag schon wieder weltenweit entfernt. Die Erinnerungen an die in Port Victoria verbrachten Nächte und Liebesschwüre verblaßten. Mit schäumender Bugsee rauschte die *Passat* unter Vollzeug dahin. Wie Bretter so steif standen die Segel. Im Rigg pfiff und heulte der Sturm. Kapitän Hägerstrand, besser noch bekannt als »Weihnachtskapitän«, weil er mit der *Viking* mehrere Jahre am Weihnachtsabend vor dem Spencer Golf eintraf, zögerte, Segel wegnehmen zu lassen. Vor dem Krieg hatte er etliche Rahsegler auf großer Fahrt geführt, die *Woodburn,* die *Hougomant* und die *Winterhude,* um nur einige zu nennen. Als ihn Erikson bat, seine Stellung bei der »Baltic Timber« aufzugeben und die *Passat* zu übernehmen, hatte Hägerstrand zunächst gezögert. Dann aber doch zugesagt, weil er noch einmal nach Australien wollte, um die Freunde von einst wiederzusehen. Eine bessere Möglichkeit bot sich so schnell kaum wieder.

Mit der in diesen Breiten früh einsetzenden Dunkelheit fiel eine Hagelflage über das Schiff. Körner so groß wie Kastanien trommelten auf das Deck. Während schwere Seen mit einer Leichtigkeit über die Schanzung stiegen und über die Luken brandeten, gab er Befehl, die Übermarssegel festzumachen. Fluchend stiegen die Männer der Wache nach oben und legten auf der Rah aus. Wütend peitschten die Hagelkörner den Leuten ins Gesicht und auf die erstarrten Hände, die in das angefrorene bretthartes Segeltuch griffen. Einmal hatten sie das Liek schon heran, da haute mit einem Knall das Segel wieder voll und riß sich aus den steifen Fingern, Nägel und Hautfetzen mitnehmend. Die Männer spürten den Schmerz kaum. Hätten sie Zeit zum Überlegen gehabt, sie hätten aufgegeben, und das Segel hätte der Sturm gefressen.

So aber blieben sie mit dem Oberkörper auf der Rah liegen und kämpften weiter mit der schweren Leinwand. Und sie schafften es. Einer bückte sich unter die Rah, mit einer Hand sich am Springpferd haltend, um den Zeising, das Befestigungstau, von unten um die mannsdicke Rah herumzuwerfen. »Pack zu!« brüllte er gegen den Sturm an und meinte seinen neben ihm im Fußpferd stehenden Kumpel, während er das dünne Tau nach oben über die Rah schleuderte. Erst nachdem das widerspenstige Segel geborgen war, spürten die Männer ihre fast abgestorbenen Finger. Vorsichtig, mit zitternden Knien rutschten sie zur Saling hin, und von dort aus kletterten sie auf Luvseite vorsichtig abwärts. An Deck empfing sie stumm der Alte. Er kannte den Schmerz, den seine Leute aushalten mußten. Jedes falsche Wort würde Unheil heraufbeschwören. Er selbst holte die »Medizinbuddel« aus seiner Kajüte und ließ die noch gut gefüllte Flasche reihum wandern. Er bekam sie nicht mehr zurück, sie flog im weiten Bogen leergesaugt ins Meer.

Tagelang kamen die Männer nicht aus den nassen Plünnen. Die Kohleöfen in den Logis gaben keine Wärme ab. Aus Sicherheitsgründen durften sie nicht in Betrieb genommen werden. Die vom Frost aufgerissenen und vom Salzwasser geröteten Hände schmerzten bis an die Grenze des Erträglichen. Es gab keine Wundermittel, um sie zu heilen. Doch allein ihre »Betriebsbereitschaft« garantierte ihr Leben. Eine Hand für dich, eine Hand für's Schiff! Doch diese uralte Seemannsweisheit galt nicht, wenn es hart auf hart ging, dann reichten zwei Hände gerade aus für's Schiff.

Ivar Hägerstrand hatte alles selbst mitgemacht, hatte gelitten und nicht vergessen. Längst war die Hagelbö vorbei. Fahles Mondlicht schimmerte durch die zerfledderten Wolkenbänke. Die Obermarssegel konnten wieder gesetzt werden, doch der Alte winkte müde ab, als der 1. Offizier den Befehl dazu geben wollte. »Das hat Zeit, bis es hell wird«, sagte er kurz angebunden, nicht aber, daß ihm die Männer leid taten. Die Matrosen der Wache machten sich darüber keine Gedanken, sie waren viel zu müde und zerschlagen dazu. Sie hatten nur einen Wunsch, schlafen gehen zu dürfen.

Ivar Hägerstrand blieb bei Erikson und wurde Kapitän eines Dampfers. 1952 schied er als 69jähriger aus dem Seemannsleben aus. 39mal hatte er Kap Hoorn umrundet. Er ist der letzte Kapitän in der Geschichte der Schiffahrt, der einen Frachtenrahsegler um das Kap der Stürme geknüppelt hat.

So harmlos zeigt sich das Kap der Stürme an einem Sommertag.

3. Buch

Die »Passat« unter der Flagge der Schliewen-Reederei

»Rese, Quartier, is mien Verlangen
dee backbuurdsche Wache dee sall verfangen,
de stürrbuurdsche Wach is afgedahn,
reise, Quartier, in Gottes Naam!«

Heinz Schliewen
(1898−1956)

Ins Hamburger Handelsregister wurde am 23. Juli 1923 die Firma Breyer & Co mit der Absicht eingetragen, Küstenschifffahrt zu betreiben. Ein Jahr später schied der Prokurist Wilhelm Pöhlig aus, und der in Königsberg geborene Heinz Schliewen, Sohn eines Stinnes-Direktors, rückte an seine Stelle. Ohne je ein Schiff besessen zu haben, wurde die Firma 1926 gelöscht. Sieben Jahre darauf gründete Heinz Schliewen die Reederei neu und erwarb gleichzeitig den 225 BRT kleinen Küstentanker *Alfred*. Unter dem Namen *Tankfahrt* wurde das Schiff eingesetzt. Bei Kriegsende fuhren unter der Breyer-Flagge drei Schiffe, ein weiteres, die *Monica*, lag abgesoffen in Bremerhaven.

Ob sich Heinz Schliewen mit den Machthabern des Dritten Reiches gut oder schlecht verstanden hat, bleibt ebenso offen wie die Frage, warum das »Internationale Rote Kreuz« ausgerechnet Heinz Schliewen, den kleinen Küstenschiffsreeder, als Schiffahrts-Sachverständigen in die Schweiz holte. So soll Schliewen den Transport von auszutauschenden verwundeten Kriegsgefangenen über Lübeck und Kiel mit schwedischen Rote-Kreuz-Schiffen organisiert haben.

In der Schweiz lernte er den Ungarn von Suppan kennen. Sie schlossen sich zusammen und makelten diverse Geschäfte. Als nach der Währungsreform 1949 der Wiederaufbau der deutschen Handelsflotte begann, kehrte Heinz Schliewen nach Deutschland zurück, versehen mit dem Doppelstatus eines Devisen-Ausländers und -Inländers. Mit 125 000 in der Schweiz erworbenen Franken kaufte Schliewen ein Aktienpaket der Maklerei Narex A.G. Genf. Das waren zwar nur 25%, doch sein ungarischer Freund Suppan hielt die restlichen Anteile in seinen Händen. So war ein Unternehmen geschaffen worden, über das der Makler Schliewen für den Reeder Schliewen deutsche Sperrmarkbeträge auftauen konnte. Sperrmark waren von Devisen-Ausländern bei deutschen Geldinstituten geführte Konto-Guthaben in deutscher Währung.

Neidvoll registrierten die finanziell schwachen deutschen Kaufleute den imposanten Aufstieg des kleinen Küstenschiffsreeders, der gleich drei Dampfer vom Potsdam-Typ orderte. Sie kamen unter den Namen *Gertrud Schliewen*, *Fritz Schliewen* und *Jutta Schliewen* 1950 in Fahrt. Ein Jahr später ließ Schliewen unter seinem Namen eine Reederei ins Lübecker Handelsregister eintragen und bestellte sieben weitere Schiffe.

Als Schliewen die beiden wrackreifen Viermastbarken *Pamir* und *Passat* übernahm, fuhren elf Schiffe unter den Flaggen seiner Reedereien.

Plötzlich war alles vorbei. Die Auflösung begann mit der Meldung, daß aus Gründen innerbetrieblicher Rationalisierung die Reedereigeschäfte von Breyer & Co. von der Schliewen-Reederei übernommen worden seien. Einen guten Monat später standen alle Dampfer zum Verkauf. Bemühungen, die drei unter der Flagge Breyer & Co. fahrenden Dampfer zu verkaufen, waren gescheitert; der Plan, die kürzlich erworbenen alten Windjammer *Moshulu* und *Carl Vinnen* in Motorschiffe umbauen zu lassen, wurde nicht weiterverfolgt. Inzwischen wechselte Schliewens Beteiligung an der Schliewen-Reederei GmbH auf die Hamburger Außenhandelsfirma Dobbertin & Co. über. Sie brach sofort sämtliche Geschäftsverbindungen zu Schliewen ab und gab der Reederei ihren alten Namen »Montan-Reederei GmbH« zurück.

An den beiden Viermastbarken *Pamir* und *Passat* hatte es nicht gelegen, daß Heinz Schliewen Schiffbruch erlitt. Bis auf den Kaufpreis von 1,2 Millionen hatte er keine Vorleistungen erbracht, aber Millionen von Bund und Land kassiert. Sein Absturz begann mit dem Kauf der in Eckernförde ansässig gewordenen Jagd-Waffenfabrik Sauer & Sohn. Mit Hilfe der Landesregierung waren 500 Arbeitsplätze im Gemäuer der stillgelegten Torpedoversuchsanstalt entstanden. Die Firma produzierte fleißig Gewehre, nur sie verkaufte keine. Auch waren Schliewens Hobbys nicht eben billig. So finanzierte er Cora Montes und ihre emsig trainierende Balletttruppe. Für die Proben wurde im feinen Othmarschen eine Villa eingerichtet. Mitglieder des Balletts fuhren mehrfach nach Paris, um sich dort exquisite Kostüme aus Meisterhand auf den Leib schneidern zu lassen. Öffentliche Auftritte standen weniger auf dem Programm.

Finanzieren mußte Schliewen auch seine Luxusjacht *Cora-Dina*. Sie wurde, um wenigstens einige kleinere Gläubiger zufriedenzustellen, im September 1952 verkauft.

Das Schicksal Schliewens war besiegelt. Das Amtsgericht Hamburg eröffnete am 1. Juli 1953 das Konkursverfahren. Ein Anschlußverfahren folgte am 24. Mai 1954. Leopold Heinz Schliewen verstarb 1958 in der Schweiz. Die Firma Breyer & Co. wurde im Mai 1960 von Amts wegen aufgelöst, einen Monat danach folgte die Löschung der Schliewen-Reederei.

Die »Passat« wieder unter deutscher Flagge

31. Mai	1951	Die beiden zum Verschrotten bestimmten Viermastbarken *Pamir* und *Passat* in Antwerpen werden vom Hamburger Reeder Heinz Schliewen erworben.
3. Juni	1951	»Kapitän« Grubbe übernimmt die *Passat*. Feierlicher Flaggenwechsel an Bord.
10. Juni	1951	Im Schlepp verläßt die Viermastbark Antwerpen.
20. Juni	1951	Die *Passat* trifft in Travemünde ein und wird von Tausenden von Menschen überschwenglich begrüßt. Die Presse überschlägt sich in Lobeshymnen und feiert Heinz Schliewen als »Reeder der Romantik«.

Plädoyer für die Segelschiffsausbildung

Kapitän Helmut Grubbe war ein leidenschaftlicher Verfechter des Gedankens, den nautischen Nachwuchs der aufkeimenden deutschen Handelsschiffahrt auf Großseglern ausbilden zu lassen. Er bemühte sich schon 1949, die beiden in Laid aufliegenden Viermaster *Pamir* und *Passat* zu besichtigen, doch die Engländer ließen ihn nicht in die Nähe der schwimmenden Getreidesilos. Im Dezember 1950 verfaßte Grubbe eine Denkschrift, in der er für eine Segelschiffsausbildung plädierte. Er dachte dabei zwar eher an die *Deutschland*, verlor dennoch die beiden in England aufliegenden Windjammer nicht aus den Augen. Als bekannt wurde, daß die ehemaligen Laeisz-Segler verschrottet werden sollten, erinnerte sich Grubbe an das von Heinz Schliewen gezeigte Interesse an seinem Plan. Anläßlich einer Probefahrt waren die beiden Männer ins Gespräch gekommen.

Schliewen und Grubbe machten sich umgehend auf den Weg nach Antwerpen, um die Schiffe zu begutachten. Am 21. Mai 1951 meldete das »Hamburger Abendblatt«, daß die Heimkehr der beiden alten Windjammer nach Deutschland gesichert sei. Vom Bodensee bis Flensburg gab es keine Zeitung, die dieses Ereignis nicht begrüßte.

Warum nicht Ferdinand Laeisz?

Die Hamburger Reederei Laeisz hatte während des Zweiten Weltkrieges ihre Schiffe verloren oder danach an die Siegermächte abliefern müssen, auch die Viermastbark *Padua*. 1949 reiste der britische Kapitän und Seeschriftsteller Alan Villiers nach Hamburg, um zu prüfen, ob man im Hause Laeisz am Aufbau einer neuen Segelschiffsreederei interessiert sei wie in der Zeit nach dem Ersten Weltkrieg. Erich Laeisz verwies im Gespräch auf die Frachtenlage vor dem Krieg, die es unmöglich machte, Segelschiffe in der Salpeter- oder Weizenfahrt einzusetzen. Ihm ging es bei aller Begeisterung für die großen Segelschiffe um solide geschäftliche Grundlagen. Die aber sah er nicht, es sei denn, man könnte solche Schiffe auf internationaler Basis einsetzen, als Beitrag zu internationaler Verständigung.

Als Alan Villiers vom Ankauf der beiden alten Windsäcke durch Schliewen hörte, war er erstaunt. Waren die Schiffe noch das Segeln wert, dann würden sich andere Reeder finden. Er selbst hatte vor einigen Jahren daran gedacht, zusammen mit Freunden die *Pamir* zu kaufen, den Plan aber schnell wieder aufgegeben. Um Segelschiffe halten zu können, muß eine lebende Tradition dahinterstehen, eine Bejahung der Seefahrt unter Segeln und zwar ohne Unterstützung durch Maschinen. Als geradezu unmöglich empfand es Erich Laeisz, Segelschiffe zu motorisieren, denn die Schrauben rauben den Schiffen die guten Segeleigenschaften, außerdem nehmen die Maschinen Laderaum ein, verursachen Lärm und Personalkosten.

Zwischen Hamburg und Iquique

Die Presse sah das anders. Auch der auf Segelschiffen groß gewordene Bruno Gaukel, Redakteur beim »Hamburger Abendblatt«, schrieb begeistert: »Wir erleben die Wiedergeburt der Romantik in der Seeschiffahrt. Hamburg kann stolz sein auf den Unternehmergeist des Reeders Schliewen, der aus eigenen Mitteln die beiden Viermastbarken *Pamir* und *Passat* erworben hat. Die Schneidbrenner lagen schon bereit, da hielt Heinz Schliewen seine schützende Hand über die letzten Vertreter der Segelschiffsromantik. Als durch die Weltpresse bekannt wurde, daß die Schiffe ihr Leben aushauchen sollten, trafen von allen Seiten Briefe bei der Abwrackwerft ein. Liebhaber ersuchten um Andenken. Der eine wollte den Kompaß, der andere Teile der Inneneinrichtung erwerben.

Unzählige Zuschriften sind unserer Redaktion zugegangen, als bekannt wurde, daß die Segler abgewrackt werden sollten. Hamburg sollte für diese Schiffe sammeln, daß sie am Leben bleiben und hierhergebracht werden könnten. Man dachte an Lagerschiffe, die an repräsentativer Stelle im Hafen liegen sollten. Aber niemand wagte sich an das Projekt heran — bis auf den Reeder Schliewen. Hut ab vor dem Unternehmergeist dieses Mannes!«

Begrüßung in Travemünde

Sie begann mit einer stürmischen Ovation in Travemünde, als *Pamir* und *Passat* einliefen. Begeisterte Menschen, Fahrensleute, Fischer, Wassersportler, Deutsche und Ausländer, die keine andere Beziehung zur christlichen Seefahrt hatten als eine mehr oder weniger große Portion Segelschiffsromantik im Herzen, bereiteten beiden Schiffen trotz des strömenden Regens einen stürmischen Empfang. Der Anblick dieser Veteranen der See riß alle hin. So kamen die ausgebrachten »Cheers« aus ehrlichem und begeistertem Herzen, so auch die Worte, die nach dem Festmachen der Schiffe an Bord der *Passat* gesprochen wurden.

»Ich stelle diese Segelschiffe dem deutschen seemännischen Nachwuchs als › Hohe Schule der Seefahrt ‹ zur Verfügung«, sagte Heinz Schliewen und freute sich, daß dieser Entschluß in allen Kreisen so starke Resonanz gefunden hatte. Verkehrsminister Dr. Seebohm dankte dem Reeder für seine Initiative, durch die es möglich sein werde, die nautischen Nachwuchskräfte zu »Seeleuten von echtem Schrot und Korn« zu erziehen. Landesdirektor Dr. Sureth von der Landesregierung Schleswig-Holstein unterstrich, daß »keine Quoten und Kontingente, sondern Köpfe und Kerle« das Geschehen bestimmen. Für die Wahl Lübecks zum Heimathafen dankte Lübecks Bürgermeister.

Alle waren an diesem Tage hochzufrieden und dies um so mehr, als Heinz Schliewen verkündete, daß er noch eine dritte Viermastbark, die *Pommern*, erwerben wolle und sich mit dem Plan befasse, einen Neubau in Auftrag zu geben, wobei die *Preußen* als Vorbild genommen werden sollte.

Die »Passat« trifft in Travemünde ein. Im Hintergrund die »Pamir«.

Kadettenausbildung im Schloß

Vom »Schliewen-Wunder« und »Schliewen-Plan« war im Ankaufsjahr der beiden Viermastbarken die Rede. Die öffentliche Hand konnte sich der von der Presse inszenierten Euphorie nicht entziehen. Zwei Millionen DM Kredit aus den Mitteln des Bundesjugendplanes und ein Darlehn von 1,2 Millionen von der Schleswig-Holsteinischen Landesbank waren nicht eben wenig neben der finanziellen Unterstützung durch die »Deutsche Gesellschaft für europäische Erziehung«, die ihre besten Pädagogen auf Schloß Nahmten in den Dienst dieser mit Schwung in Angriff genommenen Jugenderziehung stellte.

Kurt Hahn, der ehemalige Leiter von Salem und Gründer ähnlicher Einrichtungen in England, stellte seine Erfahrungen als Jugenderzieher zur Verfügung. Als Initiator der »American-Britisch Fondation for European Education« gelang es ihm, die materielle und ideelle Unterstützung dieser Organisation zu gewinnen. Die englischen Reedereien »Lawrence Holt« und »Blau Funnel Line« waren von den Ideen angetan und schickten Kadetten zu Schliewen. Aus allen Teilen der Welt kamen Anfragen und Anmeldungen.

Schloß Nahmten, das am malerischen Südufer des Plöner Sees gelegene schleswig-holsteinische Landschulheim, wurde zur Kadettenschule der beiden im Umbau befindlichen Frachtschulschiffe. Prof. Christiansen-Weniger übernahm die Leitung.

Vom Wecken bis zum »Ruhe im Schiff« waren die Tage ausgefüllt mit Bootsdienst, Knoten, Englisch, Erster Hilfe, Sport, Lebenskunde und Vorträgen über die Geschichte und Geographie ferner Küsten und Länder. Die Stärkung des Selbstgefühls, der Hilfsbereitschaft und die Erziehung zur Verantwortungsfreudigkeit waren die Hauptziele des Unterrichtes.

Die Presse urteilte: »... Die Reederei Schliewen mußte in Hamburg eine Sonderabteilung für ihre neuen Schulschiffe einrichten. Den wenigsten Jungen war bei der Abfassung ihrer Einstellungsgesuche bekannt, daß die Reederei die gesamten Kosten der Ausbildung auf Schloß Nahmten und an Bord wie auch die komplette Ausrüstung vom Collani bis hin zu den Seestiefeln übernimmt. Völlig Mittellose erhielten zehn Mark Taschengeld aus einem Stipendienfond.

Es ist kein Traum, was wir sehen. Das prachtvolle Schloß, wo noch ein echter Lenbach im Roten Salon hängt, die freundlichen Schlafzimmer mit den weißen Betten, die herrliche Auffahrt unterm grünen Dach der langen Reihe dreihundertjähriger Linden, die glitzernde blaue See und inmitten dieser Märchenwelt die bisherigen Stiefkinder des Glücks: deutsche Schiffsjungen!«

Mußte nicht Unbehagen bei Schliewens Reederkollegen aufkommen, wenn sie solche Sätze lasen?

Kredite des Bundes zur Errichtung von Lehrwerkstätten

1,2 Mio DM hatte der Reeder Heinz Schliewen für den Ankauf der beiden Windjammer gezahlt, allein die nackten Segler reichten so nicht aus, um damit auf Fahrt zu gehen. Kredite zum Umbau und Ausbau mußten her. Eile war geboten. Im Schnellbrief des »Bundesministers für Wirtschaft« an die Herren Wirtschaftsminister und Senatoren der Länder der Bundesrepublik vom 21. August 1951 geht es um Mittel für die Gewährung von langfristigen Krediten für die Errichtung, Wie-

derherstellung und den Aufbau von Lehrwerkstätten. Es wird Bezug genommen auf das Schreiben vom 9. August:
»Der Herr Landesminister für Wirtschaft und Verkehr des Landes Schleswig-Holstein hat beantragt, aus den Krediten für die Errichtung von Lehrwerkstätten vorab 2 Mio DM zu bewilligen, damit mit Hilfe dieser Mittel Möglichkeiten zur Ausbildung des seemännischen Nachwuchses geschaffen werden. Die Mittel sollen für die Instandsetzung und den Umbau der Segelschulschiffe *Pamir* und *Passat* verwandt werden.
Der Herr Landesminister für Wirtschaft und Verkehr hat gebeten, die Mittel vorab zu bewilligen, weil es sich aus folgenden Gründen um eine besonders dringende Angelegenheit handelt:
1. Dringender Bedarf an seemännischem Personal, insbesondere an Offizieren für die Handelsmarine.
2. Schaffung von fachlichen Ausbildungsplätzen für die gerade in Schleswig-Holstein besonders zahlreichen berufslosen Jugendlichen.
3. Nutzbarmachung des in den Schiffen bereits investierten Kapitals. Durch die Einnahmen aus diesen Fahrten wird eine verhältnismäßig baldige Rückzahlung der Kredite möglich werden.
Nach dem Tilgungsplan können 600 000 DM bis 800 000 DM bis zum 30. September 1953 getilgt werden, während für den Rest 6prozentige Schiffspfandbriefe der Schiffshypothekenbank zu Lübeck A.G. gegeben werden.
Ich halte den Antrag für so überaus bedeutungsvoll und wichtig, daß ich im Einvernehmen mit dem Herrn Bundesminister für Verkehr dem Antrag sowohl als auch der Vorabbewilligung zustimmen möchte, obwohl der Antrag nicht im vollen Umfange den Richtlinien entspricht.«
In einem Schreiben vom 22. August 1951, gerichtet an die »Behörde für Wirtschaft und Verkehr der Hansestadt Hamburg«, erläutert der »Landesminister für Wirtschaft und Verkehr« des Landes Schleswig-Holstein diese Kreditgewährung:
»Da die seemännische Berufsausbildung auf Grund der arbeitsmarktpolitischen Lage besonders gefördert werden muß, hat sich die Landesregierung bereit erklärt, das Vorhaben des Reeders Schliewen der Hamburg Lübecker Reederei Breyer & Co. zu fördern. Seitens des Trägers ist aus eigenen Mitteln für den Ankauf der Schiffe ein Betrag von DM 1,2 Millionen bereits aufgebracht. Der Umbau der Schiffe für Ausbildungszwecke und die Instandsetzung der Schiffe beträgt nach den nunmehr vorliegenden Kostenanschlägen der Werften für die *Passat* rund DM 1 075 000,— und für die *Pamir* rund DM 1 120 000,—.
Zur Aufbringung dieser Kosten sollen voraussichtlich DM 200 000,— als zinsloses Darlehn aus der Gemeinschaftshilfe der Soforthilfemittel beantragt werden. Ferner ist Antrag auf ein Darlehn von DM 1,8 Millionen beim Bundeswirtschaftsministerium, Referat Berufsausbildung, gestellt, das aus den Mitteln des Bundesjugendplans für Kredite für betriebseigene Lehrwerkstätten zur Verfügung gestellt werden soll. Der Umbau und die Instandsetzung der Schiffe kann erst begonnen

werden, wenn die Gesamtfinanzierung sichergestellt ist. Da die Schiffe aber kommerziell gleichzeitig eingesetzt werden, tritt bei dem bestehenden Frachtraummangel für jeden nicht ausgenutzten Liegetag ein erheblicher Verlust ein.«

Luxus unter vier Masten

Der Umbau der beiden Viermastbarken erfolgte auf den Howaldts-Werken in Kiel. Kapitän Paul Greiff hatte die Bauaufsicht auf der *Pamir*, während Kapitän Helmut Grubbe gemeinsam mit der Werft die notwendigen Arbeiten durchgesprochen hatte. Unverändert blieb fast nur die Takelage. Zur Grundüberholung waren sämtliche Rahen an Land geschafft und mit Handjackstagen versehen worden. Teilweise mußten neue Nocken angeschweißt werden. Die Royal-Rahen wurden ersetzt.

Sicherheit war oberstes Gebot. Die Schiffe sollten sowohl den Anforderungen des Germanischen Lloyds als auch des Britischen Lloyds entsprechen. Beide Segler erhielten vier zusätzliche wasserdichte Schotten. Zu diesem Zweck wurde das vorderste Rahmenspant etwas achteraus versetzt, während im Achterschiff ein Schott gezogen wurde, das die Maschinen vom Laderaum trennte. Zur Erleichterung der Ladungsarbeiten entfernte die Werft die meisten Raumstützen und ersetzte sie durch Mittellängsschotten im Unterraum und Zwischendeck. Für das Setzen der Schotten unter den Lukenöffnungen wurden U-Eisen zum Einführen von hölzernen Schottplanken angebracht.

Die Viermastbarken erhielten mittschiffs im Unterraum einen Ballasttank von rund 800 t Fassungsvermögen, versehen mit einer künstlichen Belüftungsanlage, um ein schnelles Trocknen der Tanks zu sichern und eine sorgfältige Ladungsbehandlung zu ermöglichen. Ein weiterer Wassertank wurde Vorkante Großmast im Unterraum eingebaut. Beide Schiffe erhielten Anlagen zur Herstellung von Frisch- aus Salzwasser.

Um unabhängig von den Lade- und Löscheinrichtungen in den Häfen zu sein, erhielt jede Luke Ladepfosten mit je einem Ladebaum und einer modernen Diesel-Doppelwinde. Ursprünglich waren elektrische Winden vorgesehen, doch die Herstellerfirma konnte keine Garantie für absolute Wasserdichte ihrer Windengehäuse geben.

Neu waren auch die beiden Deckshäuser. Das vordere zwischen Fockmast und Luke II wurde als Werkstatt für den Schmied und den Zimmermann eingerichtet, das achtere zwischen Kreuzmast und Luke IV diente als Hospital. Fall- und Braßwinden, die bisher an Deck standen, kamen auf die Deckshäuser.

Die Gestaltung des Mittschiffsaufbaus lag in den Händen des Architekten E. Horstmann von der Landeskunstschule Hamburg. Er hatte auch die Einrichtungen auf den Motorschiffen der Reederei entworfen. Er wollte eine Wohnlichkeit erreichen, die ihm gerade auf Segelschiffen notwendiger erschien als auf Dampfern, die nur kurze Reisen machen. Ob Heinz Schliewen das wirklich einsah oder nicht, er bewilligte jedenfalls die finanziellen Mittel, damit der Architekt seine Vorstellungen verwirklichen konnte. Es wurden die besten Materialien an Holz und Stoffen verwandt.

Auf der *Passat* blieb nur der Kapitänssalon, wie er war. Verlegt wurde die Segelkoje ins Zwischendeck, um mehr Platz

»Pamir« und »Passat« im Tirpitzhafen, September 1951, warten auf einen Werftplatz.

für die Offiziere und das Ausbildungspersonal zu schaffen. Die Mannschaft erhielt ihre Räume im Achterschiff. Während die Stammbesatzung in Zwei- und Dreimannkammern untergebracht wurde, zurrten die Kadetten ihre Hängematten im darunter liegenden Zwischendeck. Messe-, Unterrichts- und Aufenthalts- sowie Sanitärräume vervollständigten die Einrichtung.

Wie die *Pamir* erhielt auch die *Passat* 6 an der Weser gebaute, doppelt beplankte Rettungsboote, darunter 1 Motorrettungsboot mit FT-Ausrüstung. Damit war auf jeder Schiffsseite Bootsraum für alle an Bord befindlichen Personen vorhanden. Bislang waren die Viermastbarken ohne Hilfsmaschinen ausgekommen. Das änderte sich nun. Eingebaut wurde ein U-Boot-Motor vom Typ Krupp F 46. Er leistet 900 PS bei 350 U/min. Zwei Dieselaggregate von 30 kW und eines von 15 kW sollten die Stromversorgung sicherstellen. An weiteren Hilfsmaschinen kamen hinzu: eine elektrisch angetriebene Ballastpumpe mit einer Leistung von 90 m³/h bei h=20 m, eine

Reserve-Kühlwasserpumpe, die gleichzeitig als Feuerlösch- und Deckwaschpumpe diente mit 30 m³/h bei h=41 m, zwei Kompressoren mit einer Leistung von je 45 m³/h und die üblichen Sanitärpumpen. Vorbei auch die Zeit der Öfen. Ein Hilfskessel versorgte die Dampfheizung der im Achterschiff gelegenen Logis, während die Räume im Mittschiffaufbau eine Warmwasserheizung erhielten.

Ursprünglich vorgesehen waren Verstellpropeller. Wegen der langen Lieferfristen mußte davon Abstand genommen werden. Ausnahmsweise konnte in dieser Frage auch nicht Verkehrsminister Dr. Seebohm mit seinen langen Armen helfen. So erhielten die Segler zweiflügelige Bronzeschrauben von 2,3 m Durchmesser. In Segelstellung konnten die Propeller mittels einer Doppelbackenbremse festgesetzt werden. Das Ruder wurde als Plattenruder belassen und nicht mit einer stromlinienförmigen Ummantelung versehen, doch auch so konnte die *Passat* früher leicht herausgesegelte Geschwindigkeiten nicht mehr erreichen.

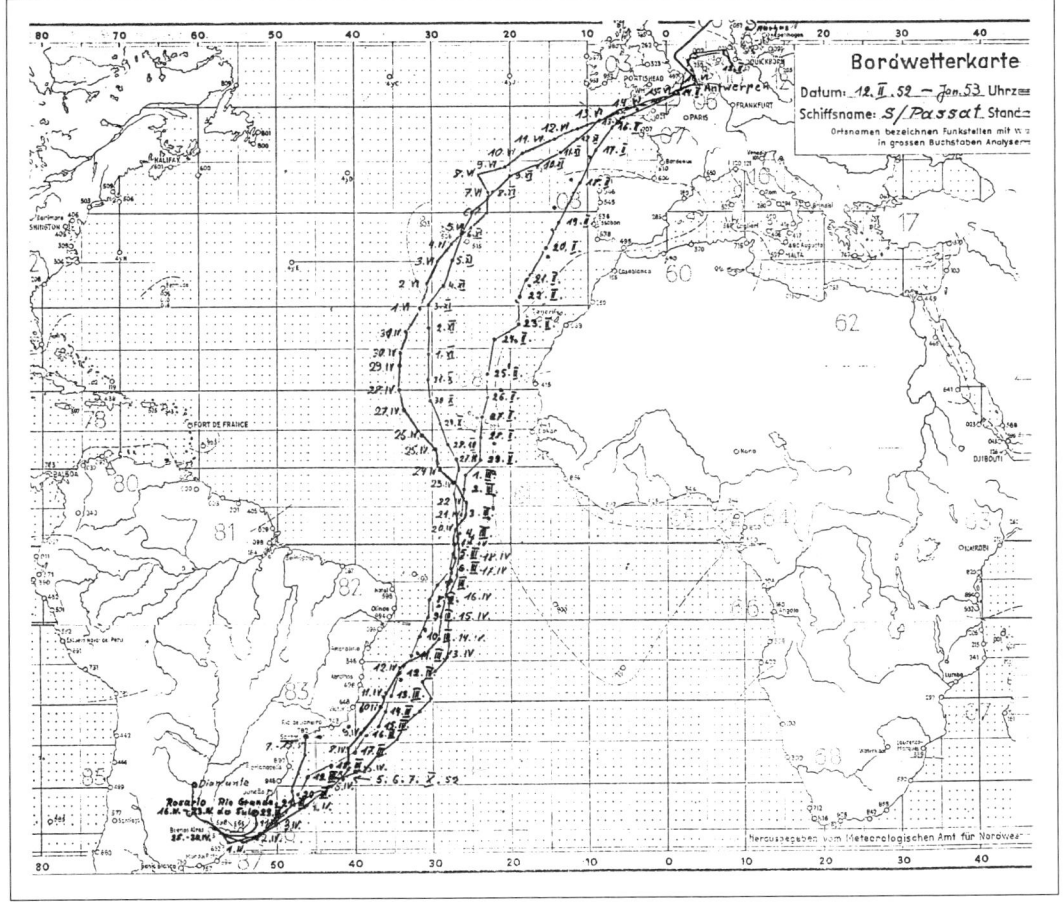

Die von Wittenhagen gezeichnete Treckkarte der beiden Reisen in den Jahren 1952/1953.

Die fünfundzwanzigste Reise

Kapitän: H. Heuer
1. Offiziere: Alwin Günther und Paul Müller, 2. Offizier: W. Eitzinger

Juli	1951	*Passat* wird von Travemünde nach Kiel zur Howaldts-Werft geschleppt. Beide Segler erhalten u.a. Diesel-Motore eines deutschen U-Bootes. Die *Pamir* bekommt den Steuerbord-Motor mit linksdrehender, die *Passat* den Backbord-Motor mit rechtsdrehender Schraube. Etliche Einrichtungsgegenstände, unter anderem der alte Kamin aus dem Kapitänssalon, wandern zur Akademischen Seglervereinigung Kiel.
7. November	1951	Vertreter deutscher Seeschiffsvereine besichtigen die Windjammer und sind begeistert. Zum Aufgebot gehören die Segelschiffskapitäne früherer Zeiten, Otto Lehmberg, H. Oellrich, Ballehr und Otto Schommartz.
24. Januar	1952	Probefahrt in der Ostsee.
26. Januar	1952	*Passat* nimmt von Kiel Abschied und segelt um Skagen herum zur Weser. Erster schwerer Sturm.
31. Januar	1952	Ankunft im Ladehafen Brake.
10. Februar	1952	Beladen mit Zement für Rio Grande do Sul verläßt der Viermaster die Weser.
4. März	1952	Äquatortaufe.
22. März	1952	Ankunft in Brasilien.
23. April	1952	*Passat* verläßt Rosário.
25. April	1952	Leinen fest in Buenos Aires.
26. April	1952	Großes *Passat*-Fest im »Les Ambassadeur«. Der deutsche Botschafter in Argentinien, Dr. Terdenge, begrüßt Schiff und Basatzung. Kapitän Heuer legt am Grab des Generals San Martin einen Kranz nieder.
29. April	1952	Tausende Argentinier besuchen im Rahmen eines Besichtigungsprogramms das Segelschulschiff. Die Ladungsarbeiten sind abgeschlossen, das Schiff ist seeklar.
30. April	1952	Beladen mit Hirse, Mais, Grieben, Blut und Gluten verläßt die Viermastbark Buenos Aires mit Order für Teneriffa.
15. Juni	1952	Schiff macht fest im Löschhafen Antwerpen. Ende der Rundreise.

Funker Karl Schmidt, Wendelin Meininger (2. Offizier), Paul Müller (1. Offizier), Dr. Werner Keding (Schiffsarzt), Kapitän Hermann Heuer, Alwin Günther (1. Offizier), Jan Müller (1. Ingenieur), Dr. Hans Walden (Meteorologe), Hans Simonsen (2. Ingenieur) und Rüdiger Lenk (3. Offizier).

Werftzeit und Jungfernreise

Rudolf Wittenhagen führte Tagebuch. Er notierte:
»Wochen und Monate härtester Arbeit liegen hinter uns. Die Werftzeit war kein Honigschlecken. Bei eisigen Temperaturen im Rigg zu arbeiten, fiel uns manchmal schon schwer. Viel haben wir von den Taklern der Werft gelernt.

Alle Rahen, alles stehende und laufende Gut war überholt. Viele Stagen, Pardunen und Wanten waren erneuert worden. In den neuen Unterkünften roch es nach frischer Farbe. Endlich ist es soweit: Unsere *Passat* liegt klar zum Auslaufen an der Tirpitzmole in Kiel.

Um 9.00 Uhr werden die Leinen losgeworfen. Kiel ade! Nach dem Kompensieren auf der Förde geht es richtig los: Klar zum Segel setzen!

Wir haben auf dieses Kommando gewartet. Inzwischen hat es aufgefrischt. Mit gesetzter Fock, Groß-Bagin, Unter- und Obermars sowie den Stagsegeln und Besan laufen wir 14 Knoten und lassen zu unserer Freude manchen Dampfer achteraus. (27. Januar 1952) Es brist auf. Sturmwarnung!

Segelbergen! Zuerst werden die Obermarssegel festgemacht, dann die Bagin und schließlich das Großsegel. Beide Wachen sind an Deck. Schneesturm in Böen bis Stärke 11. Ein hartes Stück Arbeit, die Segel festzumachen. Es wird Nacht. Beide Wachen bleiben an Deck.

Gei auf die Voruntermars! Mit 6 Mann steigen wir ins Rigg und bändseln in nur 22 Minuten das Segel fest. Besanschot an, ist eine Belohnung dafür. Eine harte, doch schöne Nacht geht vorüber.«

»Mutter, fürchte Dich nicht ...«

Mit tadellos festgemachten Segeln auf den Rahen passierte die Viermastbark *Passat* am 31. Januar 1952 Bremerhaven und machte in Brake fest. Die Pier stand voller winkender Menschen.

Überschwenglich wurden die Veteranen von der Presse begrüßt und von der Öffentlichkeit verabschiedet:
»Sie haben recht getan, die Männer, die *Pamir* und *Passat* vorm Abwracken retteten. Wir spüren es, als wir die *Passat* sehen: Irgendwo hört die Frage nach der Rentabilität auf, irgendwo müssen diese Fragen schweigen vor höheren Werten. *Passat* geht auf Große Fahrt. Wir sind stolz darauf, daß Brake der Ausgangshafen wurde und danken den Männern, die uns den Anblick dieses Schiffes schenkten. Wir sind stolz darauf, daß sich in den Masten dieses Schiffes Segel blähen, die von Braker Händen genäht wurden. *Passat* geht auf Große Fahrt und grüßt die Welt von unserem deutschen Vaterland, welches arm und zerrissen, doch die Kraft hat, dieses Schiff hinaus zu schicken, welches gleichzeitig Tradition in den himmelstürmenden Masten, den weißen Segeln, Zukunft in der jungen Mannschaft repräsentiert.«

Die Jungen empfingen ihre Weihe im Braker Hafen durch Landesbischof Lilje. Er gab ihnen das Wort mit auf den Weg: »Fürchtet Euch nicht ...«

Der »Weserkurier« ergänzte die Worte durch die Sätze, die Gorch Fock an seine Mutter schrieb:
»Mutter, fürchte Dich nicht. Die See ist nur die hohle Hand Gottes, in die wir fallen.«

Der erste Sturm überfiel das Schiff auf der Rundreise um Skagen. Bewährungsprobe für die jungen Seeleute.

Übernahme der Ladung in Brake.

Am 10. Februar verließ die Viermastbark den Ladehafen und ankerte zunächst auf Blexen-Reede. Nach Winddrehung und Kompensieren nahm die *Passat* Kurs auf die offene See. Im Englischen Kanal stellte sich der ersehnte Wind ein, und mit 13 Knoten rauschte der tiefabgeladene Viermaster durch das enge, befahrene Gewässer. In der Biskaya, die sich gemütlich gab, wurden die Anker auf die Back genommen und gelascht. Am 23. Februar brach die Fallkette der Vorroyal, die Rah kam von oben. Zum Glück hielten die Toppnanten und verhinderten ein größeres Unglück. Ein Kadett stürzte aus drei Meter Höhe auf eine Nagelbank und lädierte sich schmerzhaft den Rücken. Die Äquatortaufe wurde wie einst vollzogen. Sie hatte nichts an Schrecken eingebüßt. Die anschließende Feier versöhnte die Täuflinge.

Wegen anhaltender Flaute wurde am 5. März der Motor angestellt, doch weil er zu unruhig lief, schnell wieder abgestellt. Ein Flügel am Verstellpropeller war abgebrochen. Das Auswechseln der Ersatzschraube erfolgte im Hafen bei kopflastig getrimmtem Schiff mit Bordmitteln. Dafür erhielten Kapitän und 1. Offizier je 1 000 Mark Belohnung von der Reederei. Nach Ankunft im Löschhafen hatte die Crew ausgiebig Gele-

genheit, Land und Leute kennen zu lernen. Besonderen Eindruck hinterließ der Abschiedsball im Segelclub. Um sich zu revanchieren, lud der Kapitän zum Bordfest ein. Auch das war eine gelungene Veranstaltung. Zwei Tage brauchten die Hafenarbeiter, um die Ladung aus dem Schiff zu reißen. Anschließend verholte es auf die Reede, und die Mannschaft säuberte die Räume. Kapitän Heuer verließ die Viermastbark, um die Seemannsschule Priwall in Travemünde zu übernehmen.

Neuer Kapitän wurde der 1. Offizier Alwin Günther. Mit seinem Namen eng verbunden ist die abenteuerliche Fahrt des Rettungsbootes der *Windhuk*. Der Afrika-Dampfer war vom Ausbruch des Krieges in der Lobito-Bay überrascht worden. Günther, damals 3. Offizier, segelte das mit vier Besatzungsmitgliedern besetzte Boot bis nach Las Palmas. In 73 Tagen legten sie über 4500 Seemeilen zurück, durchbrachen die britische Blockade und kehrten als Helden begrüßt nach Deutschland zurück. Alwin Günther hatte seine Schiffsjungenzeit auf der Viermastbark *Padua* verbracht.

Weseraufwärts in Begleitung von drei Schleppern.

*Besatzung angetreten zur Auf-
nahme auf dem Hochdeck.*

Abreise und Heimfahrt

Die *Passat* hatte in Buenos Aires und Rosario ihre Ladung
übernommen. Nach Bunkern an der Pier verließ der Viermaster am 30. April Südamerika. Die »Freie Presse« hielt das Ereignis fest:

»Inzwischen hat die *Passat* die Leinen losgeworfen und ihre so
lange festgemachten Segel gesetzt. An Bord herrscht wieder
Ordnung. Mancher wird wohl aufatmen nach dem Betrieb im
Hafen, aber mancher wird auch bedauernd an die nur allzu
schnell vergangenen eigenen Landbesuche zurückdenken und
die schönen Mädchen in Argentinien. Dabei wird ihm — und
vielleicht auch seiner zurückgebliebenen Gefährtin froher
Stunden — ein bißchen wehmütig ums Herz. Dann summt er
das alte Seemannslied vor sich hin:
Wir waren nach Mühen und Wandern
Im schönen Hafen vereint,
Ein Schiff zieht nach dem andern
Und jedem wird nachgeweint.
Dann holt er tief Atem. Vor ihm liegt die weite See, und drüben, weit drüben lockt Hamburg. Auf Wiedersehn, *Passat*!«
Rudolf Wittenhagen: »Nach zwei Tagen haben wir die freie
See erreicht. Es brist auf, wir können alle Segel setzen. Bald
jedoch heißt es: Royals, Ober- und Unterbramsegel festmachen! Aus der schönen steifen Brise ist ein zünftiger Sturm geworden. Schon beginnt die *Passat* zu stampfen und zu rollen.
Wasser über Deck und Luken.
Mancher spürt schon wieder einen beängstigenden Druck im
Magen, und bald fordert Neptun sein Opfer. Am 4. Tag unse-

rer Heimreise erscheint nachts aus einem der Rettungsboote
ein blinder Passagier. Unsere Gesichter werden noch länger,
als er noch zwei große Koffer aus dem Boot zieht.«
Der blinde Passagier war der 21jährige österreichische Student
Joseph Planzl. Wie er an Bord gekommen war und wer ihm
dabei geholfen hatte, erzählte er nicht. Er mußte sich die
Überfahrt durch Kartoffelschälen und andere nützliche Arbeiten abverdienen.
Als am 8. Mai der Wind einschlief, wurden sämtliche Rahsegel festgemacht und der Motor angeworfen. Auszug aus dem
Schiffstagebuch: »Nach Inbetriebnahme der Maschine stellen
sich starke Vibrationen im Achterschiff heraus. Dadurch waren wir gezwungen, mit der Schraubenumdrehungszahl auf
260—270 herunterzugehen. Sobald die Umdrehungszahlen
über 280 liegen, treten besonders starke Erschütterungen im
Achterschiff auf, die sich bis in das Vorschiff fortsetzen. Um
ein eventuelles Leckspringen der Nieten zu vermeiden, müssen die zuvor genannten Umdrehungen eingehalten werden.«

DIE SECHSUNDZWANZIGSTE REISE

Kapitän: Alwin Günther

25. Juni	1952	Schiff verläßt in Ballast Antwerpen und versegelt zur Weser.
27. Juni	1952	*Passat* erreicht den Ladehafen Bremen.
3. Juli	1952	Beladen mit Zement für Südamerika verläßt die Viermastbark die Weser.
7. August	1952	*Passat* macht im Löschhafen Santos die Leinen fest.
15. August	1952	*Passat* verholt nach Buenos Aires.
26. August	1952	Das »Hamburger Abendblatt« berichtet als erstes Medium ausführlich über die schlechte wirtschaftliche Situation der Schliewen-Reederei und löst eine Kettenreaktion der Gläubiger aus. Heinz Schliewen zieht sich zur Schonung seiner Gesundheit in die Schweiz zurück.
6. September	1952	*Passat* erreicht den Ladehafen Buenos Aires.
27. September	1952	Beladen mit Getreide und Stückgut begibt sich der Viermaster auf die Heimreise.
22. Oktober	1952	Zwischen Schliewen und dem Bonner Verkehrsministerium finden Verhandlungen statt. Der Bund, der bereits 2,4 Millionen DM in das Unternehmen gesteckt hat, soll die deutschen Reeder veranlassen, die Schliewen-Schiffe *Pamir* und *Passat* in eigene Regie zu übernehmen.
16. November	1952	*Passat* erreicht die Scheldemündung und läuft in Antwerpen ein, um einen Teil der Ladung zu löschen.
29. November	1952	*Passat* versegelt nach Aarhus in Dänemark.
6. Dezember	1952	Um Skagen segelnd erreicht die Viermastbark den letzten Löschhafen auf dieser Reise.
14. Februar	1953	Die Würfel sind gefallen. *Passat* verläßt Aarhus.
15. Februar	1953	Die Viermastbark macht die Trossen in Travemünde fest. Ende der Rundreise.

Löschen der Ladung in Antwerpen.

Großobermars festmachen, ein schweres Stück Brot bei grober See.

Der gescheiterte Schliewen-Plan

Einen Monat nach der ersten Meldung über die Zahlungsunfähigkeit der Schliewen-Reederei schrieb das »Hamburger Abendblatt« am 23. September 1952: »Der Reeder Heinz Schliewen, der der Segelschiffsromantik neue Impulse geben wollte, hält sich seit einiger Zeit in einem Sanatorium in der Schweiz auf. Als vor einem Jahr die Frachten hoch standen, errechnete sich Schliewen die Rentabilität der Segler. Er hat uns damals erzählt, daß diese Rechnung mehr mit dem Herzen als mit dem Bleistift gemacht worden sei. Bei dieser Rechenmethode waren Fehler kaum vermeidlich. Schliewen, ein eigenwilliger Mann, rechnete mit den Millionen, die vom Jugendplan für die Schulschiffe beigesteuert worden sind. Die beiden Segler kosteten über eine Million. Der Umbau in Schul-Luxus-Schiffe — Schliewen war nicht kleinlich — sog die beiden Millionen vom Bund auf. Die Landesbank in Schleswig-Holstein schoß noch 1,2 Millionen Mark ein, und die Schiffe liefen aus.

Kaum waren sie auf See, da liefen die Frachten weg. In Kreisen der Hamburger Schiffahrt, bei Werften und Lieferanten, besonders bei den Schiffsausrüstern machte sich bald Unruhe breit, denn die Zahlungen ließen auf sich warten. Selbst kleinere Beträge gingen nur zögernd ein. Die Gläubiger nahmen miteinander Fühlung und planten den Zusammenschluß ihrer Interessen.«

Wenn das Geld nicht mehr fließt, und nichts ist sensibler, wird schnell geflüstert. In Travemünde lag Schliewens Luxusjacht.

Sie stand zum Verkauf, doch Interessenten wollten abwarten, um den Preis zu drücken. Der teure Umbau des Geschäftshauses am Alsterufer lieferte weiteren Gesprächsstoff. Er war den Hanseaten zu aufdringlich. Ein Besucher faßte seinen Eindruck vom Privatkontor, dem riesigen Schreibtisch und dem Reeder in dem Satz zusammen: »Mussolini am Schreibtisch.« Heinz Schliewen war viel unterwegs. Er liebte die Nordsee, das Treiben auf Sylt, und kleinlich war er nicht. So kam eins zum anderen. Bald stand der »Reeder der Romantik« vorm »Bild der Realität«. *Pamir* und *Passat* sollten nur der Anfang seines groß angekündigten Unternehmens sein. Sieben Segelschulschiffe, darunter eine neue *Preußen*, plante Heinz Schliewen und hatte bereits zwei weitere Veteranen, die *Moshulu* und die *Carl Vinnen*, erworben.

Kapitän Ernst Wagner, Leiter der Seemannschule Hamburg, rechnete in der »Welt« mit dem geschlagenen Schliewen ab: »Ein knappes Jahr dauerte das Abenteuer, das kein Wunder, sondern nichts weiter als eine mit beispiellosem kaufmännischen und seemännischen Dilettantismus begangene Vermessenheit war. Aus den spärlichen Verlautbarungen der Reederei konnte nur eines entnommen werden: Der katastrophale Frachtenstand ist an allem schuld. Nicht beschämender hätte das mit so großartigem Pomp gestartete Unternehmen seinen Bankrott bemänteln können, als mit dem Eingeständnis, daß der Korea-Frachten-Boom Grundlage aller kaufmännischen Kalkulationen seines vorbildlichen Schulschiffsbetriebes war. Und um die Opferbereitschaft des gefeierten Schiffahrts-Mäzen handfest zu demonstrieren, gab die Reederei bekannt, daß das Hobby ihres Chefs bereits acht Millionen D-Mark verschlungen habe.«

Die Firmenleitung unterschlug zu erwähnen, daß bislang nur die fälligen Zinsen, aber kein Pfennig Abtrag gezahlt worden war, weder 200 000 DM am 26. Mai 1952 noch 75 000 DM am 30. Juni 1952. Außerdem lagen mit 8 000 DM die effektiven Tageskosten wesentlich höher als ursprünglich gedacht. Kein Staat und auch kein Reeder, außer Heinz Schliewen, hätte für die Instandsetzung der »letzten großen Segelschiffe« auch nur einen Pfennig ausgegeben. Schliewen lieferte den Beweis für die Unwirtschaftlichkeit der auf »kostenlosen Wind« angewiesenen Segelschiffe.

Die Schiffe sollen weitersegeln

Während die aufgebrachte Boulevard-Presse mit teils hämischen Beiträgen den Reeder Heinz Schliewen demontierte, schlugen in den Amtsstuben die Alarmglocken. Geld stand auf dem Spiel. Hamburg fragte in Kiel nach, wie und was aus den beiden Segelschulschiffen werden solle. Beim Minister für Wirtschaft und Verkehr des Landes Schleswig-Holstein gab man sich gelassen, wie der Brief vom 14. Oktober 1952 an die »Behörde für Wirtschaft und Verkehr« in Hamburg beweist: »Lieber Herr Staack!
Auf Ihr Schreiben vom 9. Oktober 1952 möchte ich Ihnen zu Ihrer vertraulichen Kenntnisnahme mitteilen, daß nach Rücksprache mit dem Bundesverkehrsminister geplant ist, die Objekte *Pamir* und *Passat* auf dem Ausbildungssektor weiter einzusetzen. Man hat sich auch schon bestimmte Vorstellungen darüber gemacht, in welcher Form das geschehen soll . . .
Mit freundlichen Grüßen
Dipl. Ing. Fritz Bartel«

Die Viermastbark vor dem Wind segelnd im Englischen Kanal.

»Passat« unter Schratsegel mit laufendem Motor im Kanal.

Kein Verzicht auf segelnde Schulschiffe

Wurde die *Pamir* am 30. Oktober 1952 vorübergehend in Rotterdam von der niederländischen Schiffsmaklerfirma »Neerlandia Scheepvaart Maatschappij« wegen des läppischen Betrages von 40 000 Mark an die Kette gelegt, so blieb der *Passat* ein ähnliches Schicksal erspart. Trotzdem herrschte an Bord des in Aarhus liegenden Schiffes Katerstimmung. Optimisten glaubten, daß die deutschen Reeder die Schiffe übernehmen und weiterfahren lassen würden. Schließlich ging es um die nautische Ausbildung ihres Nachwuchses. Seemann wurde man nur auf einem Segelschiff!

Kaum war Schliewen vernichtet, begann das »Hamburger Abendblatt«, für das Fortbestehen von Segelschulschiffen zu Ausbildungszwecken für die deutsche Handelsschiffahrt zu werben. Die Gewerkschaften behaupteten, auch ohne Segelschiffsausbildung auszukommen. Wenn man davon ausgeht, daß die Chefetage im »Hamburger Abendblatt« den Briefwechsel zwischen Bonn, Kiel und Hamburg kannte, also wußte, daß Bonn keineswegs die Absicht hegte, die beiden Segelschulschiffe abzustoßen, wird die Haltung des Blattes als Meinungsmacher verständlich. Der in Aussicht stehende Erfolg würde zwangsläufig dem Einfluß des »Hamburger Abendblattes« gutgeschrieben werden. Der am 6. November 1952 veröffentlichte Artikel steht unter dem Zeichen »Der König ist tot, es lebe der König!«.

»Nachdem wir als erste deutsche Zeitung am 15. August 1952 über die sich anbahnende Entwicklung um die Schliewen-Segler berichteten, wurden nur noch Stimmen laut, die in einem Atemzug die geschäftlichen Vorgänge im Hause Schliewen mit den grundsätzlichen Fragen der Segelschiffsausbil-

Als 1955 die »Passat« erneut in Dienst gestellt wurde, gehörte sie noch der Landesbank Schleswig-Holstein, Kiel.

Bundesrepublik Deutschland

See=Berufsgenossenschaft
Hamburg

Fahrterlaubnisschein
(Sicherheitszeugnis für Frachtschiffe / ~~Fahrgastschiffe~~)

Gültig bis **30. September 1957** - - -

Fahrten: - - - - - **Lange Fahrt** - - - - - - - - - - - - -

Der Fahrterlaubnisschein verliert seine Gültigkeit, wenn die jetzige Klasse bzw. Seefähigkeit nicht mehr besteht. Kapitän und Reeder sind verpflichtet, jeden die Seetüchtigkeit beeinträchtigenden Unfall der See-Berufsgenossenschaft unverzüglich zu melden.

Name des Schiffes: **"Passat"** Schiffsart: **Viermastbark**

Heimathafen: **Lübeck** Br.-Reg.-To. **3181** U.-Signal: **D K E G**

Reeder: **Landesbank und Girozentrale Schleswig-Holstein, Kiel**

Klasse des Schiffes: **Germ. Lloyd ⊞ 100 A/4 u. Lloyds Register 100 A 1**

Das Schiff ist in **Lübeck-Siems** im **Sept.55** nach Vordr. **F** für Schiffsbesichtigung und

in **Lübeck-Siems** im **Sept.55** nach Vordr. **F** für Maschinenbesichtigung

den vorschriftsmäßigen Überholungen unterzogen worden und nach dem Ergebnis bezüglich des Schiffskörpers, der Maschinenanlage, des Freibords und der Bemannung sowie in Bezug auf

Vorkehrungen an und unter Deck   Lichterführung und Signalwesen
Feuerschutzvorschriften   Nautische Ausrüstung und Inventar
Anker, Ketten und Trossen   Ladegeschirr (siehe Ladegeschirr-Bescheinigung)
Boote und Rettungsgeräte   Funkausrüstung (siehe Funk-Sicherheitszeugnis)

und gemäss § 19 Abs. 5 der UVV für Kauffahrteischiffe besichtigt und als Schulschiff zugelassen.

als den Unfallverhütungsvorschriften der See-Berufsgenossenschaft genügend, zur Seefahrt zugelassen worden.

Hamburg, den **28. September 1955**   **Die See-Berufsgenossenschaft**

St.

Direktor

Dieser Schein muß auch bei Abwesenheit des Kapitäns den technischen Aufsichtsbeamten jederzeit zur Einsicht vorgelegt werden können, andernfalls bei Doppelüberholungen der Reeder für die Kosten aufzukommen hat.
Den Hafen-, Musterungs- und Zollbehörden sowie der Wasserschutzpolizei ist der Fahrterlaubnisschein auf Anfordern vorzulegen.

```
Frachtsegelschulschiff „PASSAT"        An Bord,d.20.11.1952


                    D i e n s t z e u g n i s


Der Leichtmatrose Alston Kennerly,geb.10.5.1935
in Liverpool,war vom 23.1.52 bis 20.11.52 an Bord
des deutschen Segelschulschiffes "Passat".
K.erledigte alle anfallenden Arbeiten an Bord zur
vollsten Zufriedenheit seiner Vorgesetzten.
Er ist sehr willig und aufgeschlossen und jeder Zeit
hilfsbereit.Beliebter Kamerad.
Es wurde ihm nicht zuviel,seine Freiwachen zur wei-
teren Fortbildung auszunutzen.
Sein Ausscheiden an Bord erfolgt auf Anordnung der
Blue Funnel Line,Liverpool.
Dem kleinsten unserer englischen Crew alles Gute
auf seinem ferneren Lebensweg.
                              SCHLIEWEN-REEDEREI
                         HAMBURG 36 ALSTERUFER 18
```

Zeugnis der Schliewen-Reederei
für den englischen Leichtmatrosen Alston Kennerly.

dung verdammten. Es darf aber nicht geschehen, daß eine an
sich gute Sache verurteilt wird, nur weil sie nach kurzer Zeit
zu einer finanziellen Krise führte.

In Schiffahrtskreisen wird teilweise die Ansicht vertreten, daß
sich, vernünftig gehandhabt, durchaus Wege finden ließen,
beide Segelschiffe künftig auch wirtschaftlich zu nutzen.«

Das Abendblatt zitierte Erich F. Laeisz (Zeitschrift »Kurs liegt
an«, April-Ausgabe), der seinen Beitrag mit dem Satz beendete: »Es kann und darf nicht geschehen, daß der werdende Seemann dem Segeln ganz entfremdet wird.«

Mit harten Bandagen

Als das wirtschaftliche Fiasko der Schliewen-Reederei offen-
kundig war, setzte eine Schlammschlacht gegen den Reederei-
chef ein. Wie fragwürdig gelegentlich die Methoden waren,
zeigt folgendes Beispiel aus der »WELT« vom Oktober 1952.
Im Artikel »Fiasko um *Pamir* und *Passat*« schreibt Kapitän
Ernst Wagner:

»Der letzte große Segelschiffsreeder Erikson aus Finnland,
der voriges Jahr (1951) nach Travemünde gekommen war, er-
widerte auf die Frage nach der Wirtschaftlichkeit der auf kostenlosen Wind angewiesenen Segelschiffe: ›Wir können uns
das nicht mehr leisten, ganz abgesehen davon, daß es selbst in
Finnland, der letzten Heimat fast aller großen Rahsegler,
kaum mehr möglich ist, eine zünftige Segelschiffsbesatzung
anzumustern.‹ In dem traditionslosen Schliewen-Betrieb wurden die Kinderkrankheiten der in aller Hast zusammengesuch-
ten Stammbesatzungen, bei denen wohlgemerkt Deutschlands
Seekadetten in Lehre gehen, als ebenso unwesentlich wie die
fehlenden Segelmanöver angesehen. Wir haben während der
ganzen Reise kaum 400 Seemeilen gesegelt, schreibt ein Kapi-
tänssohn wehmütig an seinen Vater. Das Obermarssegel heißt
bei uns nur noch Schliewen-Royal, denn Bram und Royals werden nur gesetzt, um die Segel vor dem Verspaken zu bewahren.«

Die Zeitungsente fiel nicht auf: Ernst Wagner erwähnt den
großen Segelschiffsreeder Erikson, mit dem er 1951 in Travemünde gesprochen haben will. Das war nicht möglich, denn
Gustav Erikson weilte seit drei Jahren nicht mehr unter den
Lebenden.

4. BUCH

Der Windjammer-Abgesang

»Reise, Reise,
die ganze Back steht voller nackter Weiber,
auf der Back antreten
zum Särge empfangen,
Reise, Reise!«

Die Viermastbark »Passat« liegt noch fest am Priwall, die »Pamir« ist schon wieder auf See.

»Stiftung › Pamir ‹ und › Passat ‹ «

Die Initiative zur späteren Gründung der »Stiftung *Pamir* und *Passat*« ging von der Hapag aus. Um festzustellen, ob und wie viele deutsche Reeder an einer künftigen Segelschiffs-Ausbildung interessiert waren, wurden schon 1954 erste Kontakte geknüpft, die schließlich zur Bildung eines Konsortiums führten. Ausgangspunkt einer telefonischen Umfrage war, festzustellen, mit welchem Nautikerbedarf die jeweiligen Reedereien rechneten. Für jeden sollte die am Konsortium beteiligte Schiffahrtsgesellschaft einen jährlichen Zuschuß von 300 DM zahlen, um den Betrieb der Viermastbark *Pamir* abzusichern. Zunächst war beabsichtigt, mit nur einem Schiff die Segelausbildung aufzunehmen. Die Resonanz innerhalb der deutschen Flotte war indes größer als angenommen, so daß auch die Viermastbark *Passat* in die Pläne miteinbezogen wurde.

Die telefonische Umfrage nach dem Nautikerbedarf (in den Klammern) brachte folgendes Ergebnis:

Thomas Entz Tanker G.m.b.H. (16), Frisia (5), Nordfriesische Reederei (25), John T. Essberger (40), Atlantic-Rhederei (5), Afrika Linien (36), H. Schuldt (8), Flensburger Dampfercompagnie (13), Fruchtreederei Schuldt (9), Karl Grammerstorf (18), Hal (147), Hanseatische Reederei Emil Offen & Co (15), Norddeutscher Lloyd (173), Nordische Reederei (3), Nordische Schiffahrts-G.m.b.H. (4), A.H. Schwedersky (8), Oldenburg-Portugiesische Dampfschiffs-Rhederei (35), Frigga (34), Stinnes Ocean (47), Vinnen (5), Warried Tanker (20), Deutsche Vacum Öl-AG (6) und Sartori & Berger (21).

Nach dem Berechnungsmodus erbrachte das 234 000 Mark jährlich. Dieser Reeder-Pool bildete das Konsortium der anzustrebenden »Stiftung *Pamir* und *Passat*«. Zunächst wurde die *Pamir*, dann die *Passat* von der Landesbank Schleswig-Holstein gechartert. Die Landesregierung Schleswig-Holstein genehmigte am 19. Dezember 1955 die Stiftung aufgrund der Stiftungsurkunde und der Satzung vom 15. Dezember 1955 mit Sitz in Lübeck. Vorsitzender war Dr. Otto Wachs, Vorstandsmitglied der Hapag. Eine der großen Reedereien beteiligte sich nicht an dem Ausbildungsprojekt: Ferdinand Laeisz!

Nach Genehmigung der Stiftung durch den Innenminister wurden die beiden Viermaster von der Landesbank in Kiel gekauft. Die Stiftung wurde 1961 nicht aufgelöst, sondern umbenannt und heißt seitdem »Stiftung für Ausbildungsschiffe« mit Sitz in Lübeck. Die Geschäftsstelle befindet sich in Bremen.

Merkblatt für zukünftige Kadetten der Hapag

Die Hapag zählte zu den Reedereien, die sich für eine Ausbildung des nautischen Nachwuchses auf Segelschiffen aussprach. Sie gab die entscheidenden Impulse zur Gründung der »Stiftung *Pamir* und *Passat*«. Die Inspektion verfaßte am 1. September 1955 folgendes Merkblatt über die Laufbahn des nautischen Schiffsoffiziers der Reederei:

»Nach den neuesten Bestimmungen ist für die Zulassung zum Besuch der Seefahrtschule eine Mindest-Fahrzeit von 50 Monaten im Decksdienst vorgeschrieben, in der die verschiedenen Dienstgrade durchlaufen werden. Diese sind: Decksjunge, Jungmann, Leichtmatrose und Matrose, und zwar ist im letzten Dienstgrad eine Fahrzeit von 15 Monaten nachzuweisen. Durch Initiative des Bundes in Zusammenarbeit mit interessierten Reedern wurde das Segelschulschiff *Pamir* wieder in Dienst gestellt, dem vielleicht auch noch das Schwesterschiff *Passat* folgen wird. Hiermit wurde die bewährte alte Tradition der Segelschiffs-Ausbildung wieder aufgenommen.

Wie hochwertig diese Ausbildung ist, wird dadurch dokumentiert, daß die auf diesen Schiffen erworbene Fahrzeit eine günstigere Anrechnung hinsichtlich der Dauer der in den einzelnen Dienstgraden als Junge, Jungmann pp. gem. Tarifvertrag für die Deutsche Seeschiffahrt vorgeschriebenen Fahrzeiten erfährt. So kann ein Junge bereits nach 8 Monaten zum Jungmann befördert werden gegenüber der sonst vorgeschriebenen Zeit von 12 Monaten. Dasselbe ist beim Jungmann und Leichtmatrosen der Fall. Um den jungen Leuten aber nicht nur Segelschiff-Ausbildung zu geben, sondern sie auch den Dienst auf Dampfern pp. mit dem umfangreichen Lade- und Löschbetrieb erlernen zu lassen, ist vom Gesetzgeber die Zeit auf Segelschiffen mit höherer Bewertung auf höchstens 24 Monate beschränkt.

Die Hamburg-Amerika Linie unterstützt mit anderen namhaften deutschen Reedereien diese Segelschiff-Ausbildung, da sie die Vorteile dieser Ausbildung in Bezug auf Formung des Charakters, der Entschlossenheit, der Kameradschaft und Verbundenheit aus eigener Erfahrung in jahrzehntelanger Tradition zu würdigen weiß.«

Die »Pamir Passat« Vereinigung, Freundeskreis ehemaliger Windjammer-Fahrer e.V., wurde gegen den Wunsch der Mehrheit zum Verein gemacht.

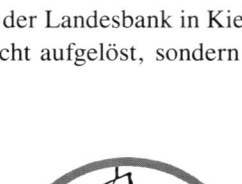

PAMIR PASSAT VEREINIGUNG
Freundeskreis ehemaliger Windjammer-Fahrer e.V.

DIE SIEBENUNDZWANZIGSTE REISE

Kapitän: Helmut Grubbe
1. Offizier: Fr. Nobbe, 2. Offizier: Schumann, Funkoffizier: Hans Eckert. Schiffsarzt:
Dr. Heitmann. Leitender Ingenieur: Fischer, 2. Ingenieur: Henchert

24. April	1954	Bei der Zwangsversteigerung fällt die *Passat* an den Hauptgläubiger des Schiffes, die Landesbank und Girozentrale Schleswig-Holstein, für 335 000 Mark. Kapitän Grubbe bleibt an Bord.
25. September	1955	Die Viermastbark *Passat* wird erneut in Dienst gestellt und verläßt Travemünde. Korrespondentreeder wird Zerssen & Co., Hamburg.
29. September	1955	Nach Werftaufenthalt segelt der Viermaster via Skagen zur Weser.
19. Oktober	1955	Beladen mit Koks für Buenos Aires macht sich die *Passat* auf den Weg nach Südamerika.
11. Dezember	1955	Die Viermastbark beendet mit der Ankunft in Buenos Aires den ersten Teil der Rundreise.
19. Dezember	1955	Die Landesregierung Schleswig-Holstein genehmigt die »Stiftung *Pamir* und *Passat*«. Die Kosten für die Ausbildung der jungen Seeleute werden, soweit sie nicht durch Frachteinnahmen gedeckt werden können, durch Zuschüsse der Mitglieder der Stiftung und der Küstenländer Bremen, Hamburg und Schleswig-Holstein aufgebracht.
28. Dezember	1955	Die Weihnachtstage werden durch einen Orkan empfindlich beeinträchtigt. Er zerreißt die Festmacher und läßt die *Passat* abtreiben.
13. Januar	1956	Beladen mit Weizen verläßt die *Passat* den Hafen und gerät, noch im Tau eines Schleppers, vor der freien See auf eine Sandbank.
15. Januar	1956	Das Schiff kommt wieder frei. Deutsche in Argentinien behaupten, daß Sabotage im Spiel gewesen ist.
10. März	1956	Die Viermastbark erreicht Hamburg. Ende der Rundreise.

*Kapitän
Helmut Grubbe*

Kurs Südatlantik

Dreißig Monate lang hatte sich die *Passat* als Sehenswürdigkeit von Travemünde buchstäblich den Kiel in den Schiffsleib gelegen und auf Segelorder gewartet. Die *Pamir* war schon wieder unterwegs, als endlich auch auf der *Passat* seeklar gemacht werden konnte. Kapitän war Helmut Grubbe; als Leichtmatrose war er auf der *Pamir* gefahren, damals, weit vor dem Zweiten Weltkrieg. Bei Schliewen hatte er die Inspektion unter sich gehabt, nun aber war er für das Schiff und seine Crew verantwortlich.

Charakteristisch für diese Aufbruchzeit war, daß die Reeder erhebliche Mühe hatten, nautisches Personal aufzutreiben, nicht aber die beiden Viermastbarken. Sie hatten mehr Angebote als sie brauchen konnten. 79 Mann waren auf dieser Reise an Bord, vierzig Schiffsjungen, die auf den Schulen von Priwall, Falkenstein, Elsfleth und der *Deutschland* für den seemännischen Beruf die notwendige Vorbereitung erhalten hatten. Die Presse schrieb: »Um diesen Nachwuchs wird uns die internationale Schiffahrt beneiden. Hamburg und die Wasserkante wünschen der *Passat* und seinen Fahrensleuten günstigen Wind und eine schnelle Reise.«

Lotsenchor: »Three cheers for the ›Passat‹«

Günther Schumann, noch 2. Offizier auf dem Viermaster, aber schon Mitarbeiter beim »Hamburger Anzeiger«, berichtete am 12. März 1956 über die Ankunft des Schiffes in Hamburg: »›Kehrst du heim, Kapitän, von der Reise . . . ‹ schmetterte die Bordkapelle des Lotsendampfers beim Feuerschiff *Elbe 1* zur freudigen Überraschung der *Passat*-Besatzung durch die ruhige Nacht mit der spiegelglatten See. Die Lotsen brachten Three cheers for the *Passat* aus. Das war am Freitagabend und das Ende der Seereise. Das Flaggedippen, Begrüßungstuten mit Dampfpfeifen und Sirenen sowie Winken von und zu vorüberfahrenden Schiffen riß während der ganzen Fahrt elbaufwärts nicht ab. Es ist genau 25 Jahre her, daß die Viermastbark zum letzten Mal auf der Elbe war. Damals lief sie elbabwärts. Es waren die Jahre der großen Schiffahrtskrise. Nun liegt die *Passat* wieder in Hamburg, dieser Windjammer, unweit seiner Geburtsstätte. Wenn auch am Heck in großen Buchstaben der Name Lübeck als Heimathafen prangt, so ist das Schiff doch im Herzen der Hamburger geblieben.

Einzeln und in Gruppen stöberten die Besucher gestern durch das Schiff und ließen sich von der Reise berichten. Dabei hörten sie von der Sturmfahrt in der Nordsee, von den herrlichen Passaten, von Pameros vor dem La Plata und von Buenos Aires. Sie hörten von der Heimreise, die für einen Windjammer viel zu ruhig war, denn Rasmus hatte viel zu viele Windstillen. Wenn sich lange Zeit kein Lüftchen regte und der Blick in den Himmel verzweifelt nach Anzeichen von Wetterverschlechterung suchte, mußte der 900-PS-Motor helfen. Für diese windlosen Tage hatte der 62jährige Bootsmann, ein echter Old-Timer, manches Trostpflaster aus seinem bewegten Leben zur Hand, Stories, die ihm ans Herz gewachsen sind.

Die Heimreise der *Passat* vom La Plata dauerte 55 Tage. Die Reise über 7 684 Seemeilen hat gezeigt, daß es um den Nachwuchs auf den Kommandobrücken unserer modernen Frachter nicht schlecht bestellt ist. Hoffentlich haben die Behörden und die Reeder die Einsicht, diesen jungen, begeisterten Seefahrern den Berufsweg zu erleichtern.

Segelschiffsausbildung ist eine erhebliche Verkürzung der erforderlichen Fahrzeit vor dem Mast.«

DIE ACHTUNDZWANZIGSTE REISE

Kapitän: Helmut Grubbe
1. Offizier: Fritz Noppe, 2. Offizier: Hein Behn, 3. Offizier: Horst Wind. Funker: Hans Eckert. Arzt: Dr. Koop. 1. Ingenieur: Erich Fischer, 2. Ingenieur: Robert Kull

9. Februar	1956	Die »Stiftung *Pamir* und *Passat*« mit Sitz in Lübeck kauft die Viermastbark *Passat* von der Landesbank und Girozentrale Schleswig-Holstein in Kiel. Die entsprechende Änderung im Seeschiffsregister findet am 18. Februar 1956 statt.
12. März	1956	Die *Passat* verholt in den Kuhwerder-Hafen, um die Weizenladung zu löschen.
7. April	1956	Die Viermastbark verläßt Hamburg in Ballast.
23. April	1956	Nach einer Schönwetterreise erreicht die *Passat* Santa Cruz.
27. Mai	1956	Ankunft im Ladehafen, Beginn der Verschiffung.
21. Juni	1956	Nach längerem Aufenthalt in Recalda kann endlich die Heimreise angetreten werden.
12. August	1956	Die *Passat* passiert *Weser Feuerschiff*
13. August	1956	Ankunft im Löschhafen Bremen. Ende der Rundreise.

Kapitän, Offiziere, Mannschaft und die Frau des Kapitäns der Viermastbark »Passat«.

Kapitänsfrau segelte mit

Bruno Gaukel interviewte nach der Rückkehr des Schiffes die Frau des Kapitäns und hielt Hella Grubbes Eindrücke fest: »Wie schnell ist alles vergessen. Ein Wunder waren der tropische Himmel und das tintenblaue Meer in den ruhigen Gegenden. In der Schönheit einer sternklaren Nacht, wenn der Viermaster unter vollen Segeln dahinglitt, daß kaum eine Bewegung zu spüren war, fühlte man die Größe der Schöpfung. Wie habe ich diese Reise genossen. Ich konnte aufstehen, wann ich Lust verspürte. Endlich war ich als Hausfrau und Mutter von vier Kindern der Sorge enthoben, für andere sorgen zu müssen. Endlich brauchte ich nicht mehr abzuwaschen. Bei schönem Wetter lag ich im Deckstuhl und ließ mir die Sonne aufs Fell brennen. Dem Zahlmeister habe ich bei den Abrechnungen geholfen. Nur um eins habe ich mich nie gekümmert: um das Essen. Der Koch machte seine Sache vorzüglich. Soll ich noch erzählen, daß es mir in Buenos Aires ausgezeichnet gefallen hat, daß ich Santa Cruz großartig finde. Wir haben viele Freunde dort gewonnen, und die Einladungen rissen nicht ab.« Mit unüberlesbarer Hochachtung kommentierte Gaukel: »Frau Grubbe wird mit diesen Bildern viele Unterhaltungen bestreiten können mit einem Thema, über das nur wenige Frauen dieser Welt sprechen können. Sie ist als einzige Frau unter fast hundert jungen Seeleuten um die halbe Welt gefahren. Auch beim ruppigsten Wetter ist sie nicht einmal seekrank geworden. Hella Grubbe saß in der Kajüte, das Haar unter einem Kopftuch verstaut.

Eine steife Brise zieht den Windjammer heimwärts.

Die Dauerwelle müßte Ewigkeitswelle heißen, wenn sie den Strapazen einer so langen Seereise, den Einwirkungen der Feuchtigkeit, dem Salzwasser und der tropischen Sonne standhalten sollte. Wie sie das schafft, ist ihr Geheimnis.«

DIE NEUNUNDZWANZIGSTE REISE

Kapitän: Helmut Grubbe
2. Offiziere: Josef Braun, Horst Wind, Hein Behn. Arzt: Dr. Nahstedt. Funker: Horst Versmann. 1. Ingenieur: Werner Koch. Aus Sparsamkeitsgründen kein 1. Offizier und kein 2. Ingenieur mehr an Bord.

1. September 1956	Die Viermastbark *Passat* verläßt in Ballast Bremen. Es findet sich keine Ladung mehr für den Windjammer.
17. Oktober 1956	Schiff fest im Ladehafen Recalada.
14. November 1956	Beladen mit Getreide verläßt der Segler den Hafen und beginnt die Heimreise.
6. Januar 1957	Lizard am Eingang zum Englischen Kanal wird passiert.
9. Januar 1957	Die *Passat* macht im Löschhafen Hamburg fest. Ende der Rundreise.

Taufrede auf dem Viermaster

»Wenn man euch so sieht und euer Auftreten an Bord beobachtet, dann kann man den Wunsch der Eltern sehr gut verstehen, daß sie alles daran gesetzt haben, euch aus dem Hause los zu werden. Warum seid ihr eigentlich an Bord gekommen? So etwas wie euch hat man in früheren Jahren mit Petroleum begossen und angesteckt. Euer sehnlichster Wunsch wird es gewesen sein, Abenteuer zu erleben und die Vorgesetzten zu ärgern.

Als euer Himmelslotse fällt es mir sehr schwer, solch harte Worte an euch richten zu müssen. Ich will noch einmal versuchen, eure verrotteten Seelen aufzupolieren, damit ihr wenigstens die südliche Halbkugel als geläuterte Söhne Neptuns betret. Wie unendlich schwer das bei einigen sein wird, die Gebrechen zu heilen, davon habt ihr im Augenblick noch keine Ahnung. Im Verlauf des Taufaktes werdet ihr wohl selbst in euch gehen und sagen, wie groß mein Sündenregister gewesen ist, das kommt mir jetzt erst richtig zum Bewußtsein. Wenn ihr nun diese Überzeugung gewonnen habt, dann sollt ihr als wahre Mitglieder der Bordgemeinschaft gelten.

Bevor wir zum Taufakt übergehen, kniet nieder und betet laut mit mir:

Allmächtiger Neptun, wir haben uns schwer gegen die guten Sitten und Gebräuche unserer Umwelt versündigt. Habe noch einmal Einsehen mit uns und gib uns die Kraft, nachdem wir gründlichst von allen inneren und äußeren Schmutzigkeiten befreit sind, als anständige Menschen vor dich zu treten. Wir bitten dich weiter inständig, scheue nichts, damit du und deine Untertanen uns so auf Hochglanz bringen, wie es sich für einen anständigen Menschen gehört, der vor dir bestehen will. Amen!«

Taufschein des Matrosen Rudolf Wittenhagen.

DIE DREISSIGSTE REISE

Kapitän: Helmut Grubbe
1. Offizier: Karl Hoffmann, 2. Offiziere: Josef Braun, Horst Wind, Torolf Glahn, Claus Gläske. Funker: Horst Versmann. 1. Ingenieur: Werner Koch, 2. Ingenieur: Karl Heuchert.
Arzt: Dr. Völz

14. Februar	1957	*Passat* verläßt Hamburg in Ballast.
19. Februar	1957	Schiff passiert Falmouth und macht Station.
26. Februar	1957	Ab Falmouth.
14. April	1957	Nach 47 Tagen auf See läuft die *Passat* in Montevideo ein.
24. April	1957	Ab Montevideo.
27. April	1957	Fest in La Plata.
9. Mai	1957	Ab La Plata.
2. Juli	1957	*Passat* erreicht den Löschhafen Hamburg.
		Ende der Rundreise.

Fotoexkursion auf dem Atlantik

Thorolf Glahn berichtet über diese Reise im »Albatros«:
»Am 26. Februar verließen wir Falmouth und durchsegelten
die Biskaya mit wechselnden Winden in drei Tagen.
Dann verließ uns das Glück!

Ein Sturmtief nach dem anderen zog von den Azoren kom-
mend westlich an uns vorbei und brachte laufend starke SW-
Winde bis Stärke 11, die uns immer wieder zum Beidrehen
zwangen. Kurze Pausen zwischen den Tiefs konnten wir nur
dazu benutzen, um uns von Cap Finistere freizusegeln. Die
Stimmung war natürlich genau so tief wie das Barometer.
Endlich flaute es vollkommen ab, und wir schlüpften mit Mo-
torkraft schnell aus dieser Tiefdruckrinne heraus.
Nach drei Tagen Roßbreiten-Kalmen hatten wir einen mäßigen
bis schwachen NO-Passat, der uns bis 2 Grad Nord brachte.
Eine zünftige Äquatortaufe feierten wir am 29. März mit rei-
cher Fotoernte, und vier Tage später meldete der Ausguck auf
der Morgenwache:
› Dicker Turm voraus! ‹

Es was die *Pamir* auf Gegenkurs. Es setzte ein allgemeines
Wettbrassen ein, weil jeder den anderen in Luv passieren wollte. Es wehte ein frischer Südost. Alle verfügbaren Segel wurden gesetzt, und ausgesuchte Rudergänger brachten das Schiff
so hart wie nur möglich an den Wind.
Und warum das ganze Spiel?
Warum die harte Arbeit?

Nur weil die Amateurfotografen auf beiden Schiffen den Gegner in besseres Licht setzen wollten. Die *Pamir* hatte bald die
bessere Position erreicht, gab sie jedoch großzügig auf und
kreuzte vierkant gebraßt dicht vor unserem Bug. Wir halsten
und jagten hinter der *Pamir* her, die uns mit aufgegeiten Segeln
erwartete.
Und dann kam der einmalige Augenblick: Zwei Viermastbarken rauschten unter Vollzeug in ca. 50 Meter Abstand neben-
einander her, und jeder konnte sich mühelos mit seinen Bekannten auf dem anderen Schiff unterhalten.
Zwar vermochte die *Pamir* höher am Wind zu liegen, dafür
lief die unbeladene *Passat* etwas schneller.
Als es nichts mehr zu fotografieren gab, trennten sich unsere
Wege. Der SO-Passat nahm an Stärke zu, und wir machten unser bestes Etmal mit 230 Seemeilen.
Nach erfolgter Wachablösung um 20.00 Uhr strömte fast die
ganze Besatzung bei Luke 3 zusammen und lauschte andächtig
den Klängen von Mozart, Schubert, Brahms und Beethoven,
während unser Schiff behäbig in der langen Dünung dampfte
und der Mond die schlappen Segel beleuchte.
Es war wunderbar.
Als wir in die La-Plata-Mündung einliefen, überfiel uns ein
Süd-Sturm, daß wir nicht schnell genug die Segel bergen
konnten. Eine Untermarsschoot brach. Das Vorstengestag-
segel ging in Fetzen. So brausten wir mit kleinen Segeln und
schwerer achterlicher Grundsee in den La Plata und konnten
bei der schlechten Sicht nur mit Mühe von den Bänken frei-
kommen.
Morgens um 4.00 Uhr fiel der Schlickhaken in den Grund.
Wir lagen auf der Reede von Montevideo.«

DIE EINUNDDREISSIGSTE REISE

Kapitän: Helmut Grubbe
1. Offizier: Horst Wind, 2. Offiziere: Josef Braun, Turolf Glahn, Claus Gläske. Funker:
Horst Versmann. Arzt: Dr. Jebens, 1. Ingenieur: Karl Heuchert, 2. Ingenieur: Bühring

18. Juli	1957	*Passat* verläßt Hamburg in Ballast.
1. September		Schiff erreicht Recalda.
18. Oktober	1957	Von Buenos Aires aus geht es heimwärts.
8. November	1957	Kapitän entschließt sich, Lissabon als Nothafen anzulaufen. Die Ladung ist verrutscht.
24. November	1957	Die Viermastbark verläßt Lissabon.
2. Dezember	1957	Heimkehrend passiert die *Passat* Portsmouth.
8. Dezember	1957	*Passat* erreicht Hamburg und löscht die Weizenladung. Ende der Rundreise.

Es ist, als ob Luft aus Wasser bestünde.

Hoch geht die See und wäscht über Deck und Luken.

Im Novembersturm fast gekentert

Die 96köpfige Besatzung der *Passat* hatte die Zeit im Ladehafen Buenos Aires gut genutzt. Als am 17. September der Wind auf Südwest drehte, beschloß der Alte, am nächsten Morgen auszulaufen. Mittags passierte die *Passat* Montevideo, abends segelte sie auf offener See. Drei Tage nach Verlassen des Hafens erreichte der Funkspruch vom Untergang der *Pamir* die heimwärts segelnde Viermastbark. In einem Hurrikan auf Höhe der Azoren war der ebenfalls mit Getreide beladene Viermaster gekentert. Nur 6 von 86 Besatzungsmitgliedern waren gerettet worden. Thorolf Glahn, Kadett auf der *Passat*, schrieb von Lissabon aus folgenden Brief nach Hause:
»Vorgestern sind wir hier angekommen. Das Schiff und natürlich auch ich sind vollkommen unbeschädigt. Wenige Tage nach unserer Abreise aus Buenos Aires erhielten wir die ersten Nachrichten vom Unglück der *Pamir*. Die Flagge ging auf Halbmast, während wir durch die Flaute motorten. Eine dumpfe Stimmung lag über dem ganzen Schiff. Bei jeder Nachrichtensendung waren Funkbude und Kartenhaus dicht umlagert. Tiefe Trauer herrschte bei vielen, denn Brüder, Vettern und Freunde waren draußen geblieben.
Am Sonntag, nach Beendigung der Suchaktion, wurde am Morgen nach alter Tradition auf der Poop unter der Flagge eine Gedenkstunde abgehalten. Der Kapitän gedachte der To-ten und ermahnte die Besatzung, als Seeleute den Schicksalsschlag zu tragen. Zufällig war gerade der Südostpassat durchgekommen, und die Feier endete nach einer Gedenkminute mit dem Kommando:
Heiß Flagge! Rahen vierkant, alle Segel los!
Der Bann war gebrochen, und der Rest der Reise verlief in normaler Stimmung. Bei gutem Wetter wurden im Azorenhoch die Luken geöffnet, die Säcke an Deck gestaut und sämtliche Hohlräume, die durch das Setzen der Gerste unter Deck entstanden waren, wieder aufgefüllt und mit den Säcken sorgfältig gesichert.
Unter Fayal, in Sicht des neuen Vulkans, wurde ein unvorbereitetes Manöver gemacht:
›Mann über Bord!‹
Alle Segel waren oben, die Rettungsboote normal festgesetzt. Ein Rettungsring flog sofort über Bord. Keine fünf Minuten später lag die *Passat* beigedreht, das Bereitschaftsboot konnte zu Wasser gebracht werden, und keine fünf Minuten später befand sich der aufgefischte Rettungsring an Bord.
Zwei Tage später: Wir standen nördlich der Azoren. Es briste aus Westen auf. Das Barometer fiel ständig. Vor dem Wind jagten wir ostwärts und packten ein Segel nach dem anderen ein. Die ersten Brecher schlugen über das Achterdeck. Strecktaue und Leichenfänger waren gespannt. Am 4. November drehten wir bei Windstärke 9 über Backbordbug bei, um den Sturm abzuwettern. Kurz und steil ging die See. Wellenhöhen

Sturm: Gewaltige Wassermassen türmen sich neben dem vorwärts stürmenden Schiff auf.

Kartenhaus und diskutierten. Verschiedene Vorschläge des Beidrehens und Lenzens wurden besprochen und verworfen. Schließlich entschied sich der Kapitän, trotz des damit verbundenen Schadens an der Ladung, den Steuerbord-Ballasttank zu fluten, um so das Schiff wieder aufzurichten.

Die Reederei wurde benachrichtigt und setzte die beiden Schlepper *Seefalke* und *Svitzer* von La Coruna aus in Marsch, um uns zu helfen. Wir wurden angewiesen, Schiff in der Nähe als Stand by anzufordern. Auf unseren Hilferuf meldete sich ein neuseeländischer Passagierdampfer und nahm sofort Kurs auf unsere Position.

Infolge des gefluteten Ballasttanks mit 180 Tonnen Wasser gelang es, die Schlagseite von 16 auf 10 Grad zu verringern. Damit war das Schiff wieder unter Kontrolle. Der herbeieilende Dampfer konnte entlassen werden, und die *Seefalke* drehte um. Für die Berger gab es kein Geld zu verdienen.

Zum Glück für uns besserte sich am Morgen unsere Lage weiter. Bei flotter Fahrt erreichten wir Lissabon vor dem nächsten Sturm, der sich über dem Atlantik zusammenbraute. Abends wurde bei einem Glas Wein gefeiert. Wir dachten an unser Schwesterschiff *Pamir*, und daran, daß wir das Gesetz der Duplizität der Fälle nur ganz knapp geschlagen hatten.«

Mit Schlagseite liegt die »Passat« in Lissabon, das Schiff aber ist gerettet und mit ihm die Besatzung. Ein Schicksal, wie das der »Pamir«, blieb ihm erspart.

von 10 Metern wurden gemessen. Infolgedessen rollte unser Schiff wie wild. Der böig durch das Rigg fegende Sturm erreichte Orkangrenze. Weiß war die See von Gischt bei schlechter Sicht.

Eine Untermarsschoot brach, dann die Vorstengestagsschoot, und am Kreuzstengestagsegel rissen etliche Lögel ab. Es wurde sofort geborgen, repariert und mit doppelten Schooten wieder gesetzt. Die Freiwache pennte mit angezogenen Plünnen. Am nächsten Tag merkten wir, daß sich unser Schiff stärker nach Backbord überlegte. Gewaltige Wellenberge wälzten sich heran. Das Schiff holte nun schon 60° über und schöpfte unglaubliche Mengen Wasser. Mehr als einmal schnitt die Hochdeckreling unter. Ein unheimliches Bild. Unser Schiff lag fast flach auf dem Wasser, während die Seen mit Leichtigkeit über die Verschanzung stiegen. Trotz aller Sorgfalt war die Ladung übergegangen. In Luke 3, die nur halb gefüllt war, stauten wir die Säcke um. Viel brachte das nicht.

Inzwischen flog knallend das Besanstagsegel weg. Am Abend des 4. November hielt der Alte einen Schiffsrat ab. Die nautischen Offiziere und der 1. Ingenieur versammelten sich im

Bedrückte Heimreise

In seinem Erinnerungsbuch »Passat im Novembersturm« hat der damalige Schiffsarzt Hellmut Jebens die Heimkehr in bewegenden Sätzen geschildert: »An einem grauen Dezembertag, es war der 8. Dezember 1957, lief die *Passat* in die Elbmündung ein. Trübe hing der Himmel mit nassen Wolken über dem Schiff. Ein Alpdruck lastete auf dem ganzen Schiff: Was wird nun werden? Müssen wir büßen für das Unglück der *Pamir*? Legt man unsere *Passat* an Ketten? Je näher das Land, desto banger die Fragen. Sollte dies die letzte Fahrt sein? Beim Feuerschiff *Elbe* bargen wir das letzte Segel, die regennasse, schwere Fock. Das Feuerschiff dippte, der erste Gruß der Heimat. Langsam senkte sich die Flagge, dann unsere. Der Kapitän stand am Hochdeck und winkte schwermütig hinüber.

Doch was war das? Drüben sank die Flagge plötzlich ganz — und fiel ins Wasser. Was für ein schlechter Gruß!

Die ganze Elbe hinauf war ein einziges Grüßen und Winken. Abends im Hafen. Der Wind war aufgestanden. Windstärke 11−12! Es war, als spürte das Schiff sein Schicksal. Widerspenstig zerrte es an den Schleppertrossen und war nicht an die Pier zu bringen.

Laut heulte das Rigg im Sturm.«

Die letzte Heimkehr der »Passat«

Groß war die Anteilnahme der Bevölkerung, die noch unter dem Eindruck der *Pamir*-Katastrophe die heimkehrende *Passat* begrüßte. Obwohl es Nacht war, der Sturm heulte und um die Kaischuppen langte, hatten sich Tausende eingefunden.

Gespenstisch strahlten die Scheinwerfer der Wochenschauleute den Windjammer an. Kaum waren die Leinen belegt, die Gangway ausgefahren, als alle an Bord wollten. Zunächst aber gingen mit den Behördenvertretern die Überlebenden der *Pamir* auf das Schiff, um ihre Kameraden zu begrüßen. Es folgten Vertreter der »Stiftung *Pamir* und *Passat*« und der Reederei Zerrsen. Bald aber lagen sich auch Vater und Sohn in den Armen.

»Fährt das Schiff wieder hinaus?« war die Frage, die viele Menschen bewegte. Von den Männern an Bord der *Passat* wollte noch nicht mal eine Handvoll den Tiefwassersegler verlassen, schon gar nicht Kapitän Helmut Grubbe. Und die sechs *Pamir*-Überlebenden wollten ihre Ausbildung auf einem Großsegler beenden. In der hafennahen Katharinen-Kirche fand am Sonntag ein Gedenkgottesdienst für die 80 Männer und Jungen statt, die im September mit ihrem Segelschulschiff *Pamir* untergegangen waren. Jungen in blauen Uniformen und Takelanzügen von der *Passat* und der Seemannsschule standen Spalier in dem mit vielen Kränzen geschmückten Vorraum des Altars. Landesbischof D. Heinrich hielt die Predigt und erklärte die große Anteilnahme der Bevölkerung an der *Pamir*-Katastrophe damit, daß hier mehr beendet wurde als die Geschichte eines Schiffes. »Wahrscheinlich ging mit dieser Viermastbark eine Epoche der Seefahrt zu Ende.«

Auf dem Großmast der Weihnachtsbaum. Die »Passat« im Hamburger Hafen.

Das Schicksal läßt auf sich warten

Dr. Otto Wachs, Vorstandsmitglied der Hapag und Vorsitzender der »Stiftung *Pamir* und *Passat*«, teilte am 8. Dezember 1957 der Presse mit, daß angesichts der gegenwärtig sehr niedrigen Frachtraten für Getreide ein Verbleiben der *Passat* in der La-Plata-Fahrt aus finanziellen Gründen nicht weiter möglich ist. Otto Wachs erklärte: »Bei dieser Frachtrate und nur mit einer Ladung bei den hohen Tageskosten des Viermasters und bei der Länge der Reisen würden die Reeder für eine Rundreise 400 000 Mark zulegen müssen.«

Dies war zwar noch keine endgültige Entscheidung und ließ die Optimisten auf den Ausgang der anstehenden Seeamtsverhandlung hoffen, die Aufschluß bringen sollte, warum die *Pamir* im Orkan gesunken war. Sachverständige des Germanischen Lloyds und der Seeberufsgenossenschaft hatten bereits in Lissabon erste Untersuchungen auf der *Passat* durchgeführt. Weitere sollten nun folgen. Von den Krängungsergebnissen erhofften sich die Experten, Aufschluß zu gewinnen, warum die *Pamir* der See erlegen war.

Nach erfolgtem Löschen der Ladung am 12. Dezember 1957 im Rethe-Hafen wurde die Viermastbark im Parkhafen an den Dalben vertäut. Sie bot den Besuchern des Hafens einen romantischen Anblick. Wie schon einmal blieb Kapitän Grubbe mit einer Handvoll Leute an Bord und hielt die Viermastbark in Schuß. Schiffsjungen der norddeutschen Seemannsschulen halfen kräftig mit.

Im Sommer 1958 reagierte die ÖTV-Schiffahrt auf eine Meldung in der »Bild«-Zeitung vom 3. Juli »*Passat* geht doch wieder unter Segel« mit der Feststellung, daß eine Fahrzeit auf Segelschiffen nicht mehr nötig sei. Die *Passat* dockte am 2. Dezember bei Blohm & Voß ein. Fast ein ganzes Jahr verstrich zwischen Hoffen und Bangen und immer neuen Vermutungen über das weitere Schicksal des Schiffes. Im August 1959 forderte »Bild«: »Laßt die *Passat* auf der Elbe«, mit der Begründung, daß sich Hamburg ein Denkmal aus der Segelschiffszeit leisten kann. Das stimmte zwar, viele Bürger sprachen sich dafür aus, doch der Senat konnte sich zu solchem Schritt nicht entschließen.

Kapitän Helmut Grubbe übergab am 30. November das Kommando über die *Passat* an Kapitän Robert Clauß, der als junger Schiffsoffizier mehrere Reisen auf dem Viermaster um Kap Hoorn gemacht hatte. 20 Tage später erfolgte der Verkauf des Schiffes an die Hansestadt Lübeck.

Verlassen ist nun das Ruder, an dem so mancher spätere Kapitän das Steuern lernte.

Verzicht ohne Beweis bleibt eine Fehlentscheidung

Kapitän Walter von Zatorski, Präsident der Deutschen Sektion der Cap Hoorniers, mißbilligte in der vereinseigenen Zeitschrift »Albatros« die Absicht der Stiftung, die *Passat* aufzulegen:

»Daß es hierzu kommen konnte, will als der bedauerliche Ausgang eines unrühmlichen Nervenkrieges erscheinen; unrühmlich, weil angesichts einer starken innerdeutschen sowie einer weltweiten Befürwortung der Beibehaltung des Segelschiffes zur Vermittlung der seemännischen Grundausbildung ein sachlich begründetes und psychologisch vertretbares Zustandekommen solchen tragischen Verzichtes ernstlich bezweifelt werden darf. Im Grunde handelt es sich um ein spätes Opfer der großen moralischen Demontage, das freiwillig hingegeben wird in einer Zeit verblendender Technik.

Die Gegner der Ausbildung auf fahrenden Segelschiffen bleiben den Beweis schuldig, daß gute Seemannschaft sowie eine harte, überwachte Erziehung für das als schweren Beruf erwählte Seeleben und zur Stärkung charakterlicher Festigkeit für die Auseinandersetzung des Menschen mit den Naturgewalten auf See überflüssig geworden sind. Ein Verzicht ohne solchen Beweis bleibt eine Fehlentscheidung.«

Im Mai 1959 will die portugiesische Marine die »Passat« als Ersatz für die »Sagres« kaufen. Bei der fälligen Bodenbesichtigung im Dock stellen die Offiziere fest, wie groß die »Passat« im Verhältnis zu der im Nachbardock liegenden »Gorch Fock« ist und winken ab. So bleibt die »Passat« uns erhalten.

5. BUCH

Die »Passat« unter der Flagge Lübecks

»Aufstehen, bitte!«

*An Bord wird nicht mehr geglast
und keine neue Wache zieht auf.*

Patrizier nannten sich einst die Herren der Stadt Lübeck und sorgten im Rahmen ihrer damaligen Möglichkeiten für die Armen der Stadt. Als sich die Stadtväter entschlossen, die aufliegende Viermastbark *Passat* zu erwerben, gingen die Herren davon aus, eine einmalige Investition ohne Nachfolgekosten zu tätigen. Hätten sie in die Zukunft zu blicken vermocht, gäbe es den herrlichen Blickfang in Travemünde wahrscheinlich nicht. In Lübeck, wo die Geschichte zu Hause ist, ist die Viermastbark *Passat* seit Jahrhunderten wieder das erste seegehende Schiff, das der Hansestadt gehört.

Wie Hamburg für die Nordsee so erscheint Lübeck für die Ostsee als der natürliche Zugang. Kein Wunder, daß schon 1241 die Lübecker Kaufleute mit den Hamburgern einen Vertrag zum Schutz des Überlandtransports ihrer Güter von der Trave zur Elbe vermittels bewaffneter Reiter schlossen. Bald darauf wurden ähnliche Verträge mit Wismar, Rostock, Stralsund, Greifswald unterzeichnet. Der Bund dehnte sich aus,

und mit ihm wuchs Lübeck. Die Stadt wurde zur »Königin der Ostsee«. Lübecks Schiffe bildeten das Hauptkontingent in den Kriegsflotten der Hanse. Kühne Bürgermeister sicherten der Stadt die Vorherrschaft im Kaufmannsbund der Städte. Macht und Einfluß gingen im Dreißigjährigen Krieg verloren. 1630 fand der letzte Hansetag in Lübeck statt. Der Bund zerfiel. Daß Lübeck 1937 zu Schleswig-Holstein kam und die Reichsfreiheit aufgehoben wurde, ärgert viele Lübecker noch heute. Sie lieben ihre weiß-rote Flagge mit dem Doppeladler und ärgern sich, wenn in der Stadt die blau-weiß-roten Farben des Landes im Ostseewind wehen. Obwohl die Stadt im Krieg schwer gelitten hat und nicht weniger danach durch unüberlegten Aufbau im Zentrum, weckt sie Erinnerungen an vergangene Zeiten, an kraftvolle Geschichte und amüsante Geschichten. In Lübeck findet ein jeder, was er will, heißt es im Volksmund.

Die »Passat« als Ausbildungsschiff, Wohnschiff, Denkmal und Museum

20. November 1959
Für 315 000 Mark erwirbt die Hansestadt Lübeck die in Hamburg aufliegende Viermastbark *Passat*.

5. Januar 1960
Im Schlepp, mit um 16 Meter verkürzten Masten, verläßt die *Passat* unbeachtet den Hamburger Hafen.

8. Januar 1960
Die Viermastbark erreicht in den Morgenstunden Travemünde und wird von der Bevölkerung begeistert begrüßt. Umbau erfolgt für 150 000 Mark auf der Travemünder Schiffswerft Alfred Hagelstein.

10. August 1960
Die ersten 48 Decksjungen der am 5. Mai 1952 gegründeten Landesausbildungsstätte Priwall für den seemännischen Nachwuchs Schleswig-Holsteins kommen an Bord. Erster Leiter der Ausbildungsstätte wird H. Heuer, Kapitän der *Passat* auf der ersten Nachkriegsreise unter deutscher Flagge.

Sommer 1963
Felix Graf von Luckner, der berühmte »Seeteufel« des Ersten Weltkrieges, besucht erneut das Schiff.

5. September 1965
Die Regierung des Landes Schleswig-Holstein beschließt, das Schiff nicht mehr für die Nachwuchsausbildung zu nutzen. Bis zu diesem Zeitpunkt waren rund 1000 junge angehende Seeleute auf der *Passat* ausgebildet worden. Das Land stoppt zum Entsetzen der Lübecker Bürgerschaft die finanziellen Zuschüsse für die *Passat*.

April 1966
Das Schiff wird als »Internationale Begegnungsstätte der Jugend« ausgewiesen. Hauptnutzer ist das Deutsch-Französische Jugendwerk. Verwaltet wird die *Passat* vom Sportamt der Stadt Lübeck. Die jungen französischen Gäste sind von der *Passat* begeistert und von der Chance, auf der Ostsee segeln lernen zu können. Ihnen steht eine beträchtliche Auswahl an kleinen Booten zur Verfügung.

13. Februar 1974
Die am Priwall liegende *Passat* macht den Lübecker Stadtvätern Sorgen. Obwohl die Einnahmen gestiegen sind, erfordert das Schiff einen recht hohen Zuschuß. 1973 waren es rund 400 000 Mark. Gedockt werden soll das Schiff voraussichtlich 1975. Im laufenden Jahr wird der Ausbau der DLRG-Kammern vorgenommen, weil die bisherige Unterbringung der Rettungsschwimmer recht primitiv ist. In der Presse wird die Frage aufgeworfen, wie lange noch dieses schon museale Relikt vergangener Zeiten den Travemünder Hafen schmücken wird.

29. September 1974
Ehemalige Besatzungsmitglieder der *Pamir* und *Passat* beschließen am Weißenhäuser Strand die Gründung der »*Pamir-Passat* Vereinigung«. Männer der ersten Stunde: Karl Gerisch, Dieter Wulf, Lorenz Petersen, Erwin Dietrich, Fred Steppat, Rudolf Wittenhagen und andere mehr.

11. März 1975
1974 zahlte Lübeck 450 000 Mark Zuschüsse für die *Passat*. Um die jährlichen Kosten zu senken, schlägt das Wasser- und Hafenbauamt vor, die *Passat* durch den Ausbau einer Baggerrinne trocken zu legen. Kosten rund 1,5 Millionen Mark.

Frühjahr 1976
Passat erhält einen kathodischen Korrisionsschutz am Unterwasserschiff (15 000 Mark), um es vor Rostbefall zu schützen.

1977
Erste Langspielplatte des *Passat*-Chores erscheint. Der Gewinn von 5 500 Mark fließt voll in den Spendentopf der Viermastbark.

20. April 1978
245 000 Mark hat Lübeck 1977 mit der *Passat* verdient, die doppelte Summe aber ausgegeben. An 211 Tagen war das Schiff belegt. Vorgeschlagen wird der Ausbau des Aufenthaltsraumes in Luke II und ein kleines Museum.

8. September 1979
Sportsenator Sternfeld und Amtschef Ahlfs verkaufen vor dem Kanzleigebäude die letzten mit Schiffsstempel versehenen Signalflaggen der *Passat*. Die Landesbausparkasse hat gemeinsam mit dem Sportamt die Aktion »Rettet die *Passat*« ins Leben gerufen. Männer der »*Pamir-Passat* Vereinigung« spenden insgesamt 12 500 Mark.

12. September 1979
Das Lübecker Altstadtfest steht unter dem Motto »Rettet die *Passat*« und bringt 15 000 Mark für das Schiff ein.

10. Oktober 1979
Der Verein »Rettet die *Passat*« wird durch den CDU-Abgeordneten in der Lübecker Bürgerschaft, Ingo Petersen, gegründet. Petersen zu seinen Motiven: »Die Rettung der *Passat* sollte eine nationale Aufgabe sein!«

15. Oktober 1979
In der Zeitschift »Schiff und Zeit« schlägt der Autor dieses Buches vor, auf der *Passat* eine Bibliothek einzurichten, die sich mit der Schiffahrt und dem Schiffbau in der Ostsee befassen soll.

22. Dezember 1979
Die Schiffergesellschaft zu Lübeck wird förderndes Mitglied des Vereins »Rettet die *Passat*«. Die Erbengemeinschaft Blohm — Nachkommen des Mitbegründers der Werft Blohm & Voß — spenden 6 000 Mark, die Geschwister Grau 1 000 Mark. Ihre Mutter Gertrud hatte einst die Viermastbark getauft. Der »Deutsche Verband Frau und Kultur« überweist 2 000 Mark auf das Spendenkonto.

29. Januar 1980
Auf Deutschlands größter Bootsmesse, der »Boot '80« in Düsseldorf, werden am eigenen Informationsstand rund 10 000 Mark für das Schiff gesammelt.

26. Februar 1980
Im Gespräch mit dem Lübecker Bürgermeister Robert Knuppel spricht sich der Parlamentarische Staatssekretär im Bundesbildungsministerium, Björn Engholm, für den dauerhaften Erhalt dieses unwiederbringlichen Denkmals deutscher Seegeschichte aus.

16. April 1980
Dr. Gerhard Stoltenberg wird an Bord der *Passat* vom Bürgermeister Robert Knüppel begrüßt. Mit an Bord sind die beiden Vereinsvorsitzenden Ingo Petersen und sein Namensvetter Lorenz Petersen. Der Ministerpräsident des Landes Schleswig-Holstein verewigt sich in dem Gästebuch der Viermastbark und spricht sich für den Erhalt des Großseglers aus. Uwe Führer, Chef des siebten Polizeireviers Travemünde, übergibt eine wohlgefüllte Spendendose.

26. April 1980
Großer »*Passat*-Tag« in Travemünde. Der Chor des Schiffes lädt zum Mitsingen der Shanties an Bord ein. Für 1 000 Mark wird die vom Bundeskanzler Schmidt gespendete Prinz-Heinrich-Mütze an ein Hamburger Auktionshaus versteigert. Sie bringt später noch einmal 3 600 Mark für die *Passat*-Kasse ein, als sie erneut versteigert wird. Innenminister Dr. Uwe Barschel spendet einen Tausender.

21. Mai 1980
Jürgen Sielaf von der Württembergischen Versicherung übergibt einen Scheck in Höhe von 10 000 Mark an den Bürgermeister. Zu diesem Zeitpunkt beträgt das gesamte Spendenaufkommen 180 000 Mark. Die Belegschaft der Schlichting-Werft in Travemünde sammelt 5 000 Mark für das Schiff. 1 000 Mark schickt Peter Kober von der Handelskammer Lübeck.

10. Juli 1980
Kapitäne und Männer, die einst auf der *Passat* segelten, haben ihre Bereitschaft signalisiert, gemeinsam mit der Stadt zu klären, wie die Takelage des Schiffes am preiswertesten wiederhergestellt werden kann. Was fehlt, ist ein Original-Takelplan der Viermastbark.

4. September 1980
Paul Müller, einst 1. Offizier des Segelschulschiffes auf der 1. Nachkriegsreise unter bundesdeutscher Flagge, besorgt eine Kopie des Original-Takelplans von einem Sammler aus der Karibik. Einen Scheck über 8 000 Mark überbringt Reinhard Faßbinder von der Bundesbahndirektion Hamburg dem Vereinsvorsitzenden Petersen.

17. Oktober 1980
Die Lübecker Firma Ernst Schefferling erhält den Zuschlag für alle Takelarbeiten am Vortopp der *Passat*. 270 000 Mark soll die Sanierung des Fockmastes kosten.

4. November 1980
Die offiziellen Instandsetzungsarbeiten an der *Passat*-Takelage beginnen. Das Entrosten, Konservieren und Bekleiden der schweren Drähte erfolgt im wettergeschützten Laderaum. Paul Müller bringt seine Erfahrungen bei den seemännischen Arbeiten ein.

8. November 1980
Die Sanierung des 56 Meter hohen Großmastes ist durch die 411 480 Mark hohe Spende der »Possehl-Stiftung« gesichert. Julius Edelhoff, Vorsitzender der Stiftung, hat sich für diese Zuwendung stark gemacht.

13. Januar 1981
Ein Rostloch im Fockmast stoppt die Arbeit. Die Schlichting-Werft untersucht mit einem tragbaren Ultraschallgerät den

Poststempel
»70 Jahre › Passat ‹«
(1981).

119

Mastteil über der Saling. Zum Glück für den Etat sind die Schäden reparabel. Nur zwei der sechs Pardunen müssen gänzlich ausgewechselt werden.

23. Januar 1981
Die Bierdeckel der Brauerei zur Walkmühle tragen im Rettungsring den Aufriß der Viermastbark und das Spendenkonto Nr. 530 900 17, Landesbank Lübeck.

12. August 1981
Die Sanierungsarbeiten an den Masten sind abgeschlossen.

15. August 1987
Zwei Tage lang zeigt die *Passat* Mars- und Untersegel. Eine österreichische Filmgesellschaft dreht an Bord Szenen für den Film »Gewitter im Mai«.

30. August 1987
Für das neue Museum stiftet ein Bootsbauer vier Vitrinen mit altem Schiffs- und Bootsbauerwerkzeug. Das Lübecker Denkmalsamt fordert, daß der Charakter einer Ladeluke auch nach dem Ausbau erhalten bleiben muß.

1. August 1988
Der Ausbau der Luke I zum Ausstellungsraum des Museum beginnt.

1. April 1989
Das Museum *Passat* wird eröffnet.

Dezember 1989
Der Kapitän der sowjetischen Viermastbark *Sedov* spendet ein erhalten gebliebenes Großuntermarssegel der *Kommodore Johnson* aus dem Jahre 1936 für das Museum.

30. Oktober 1989
Die *Passat* wird Studentenwohnheim. Der Asta der Uni hat für 3 Tage 70 Schlafplätze an Bord gemietet, um wohnungssuchende Studenten unterbringen zu können.

5. Januar 1990
An Bord der *Passat* reißen Arbeiter angegammelte Holzplanken heraus, füllen ausgeschwemmte Fugen mit haltbarer Gummimasse zu. Bislang wurden 200 000 Mark in die Sanierung des Achterdecks gesteckt.

15. Mai 1990
Die Arbeiten werden fristgerecht abgeschlossen.

Abschied und Überführung nach Lübeck

20 Segelschiffsleute, ehemalige Kapitäne, Steuerleute und Matrosen folgten am 27. November 1959 der Einladung Kapitän Robert Clauß' zum Curry-Essen an Bord der Viermastbark *Passat*. Noch einmal saßen sie im Salon beisammen, Kapitän Hermann Piening, Kapitän Sietas, Kapitän Oellrich, Kapitän Rohwer, der die *Passat* einst geführt hatte, und andere Kap Hoorniers, deren Namen im Goldenen Buch von St. Malo als »Albatrosse« verzeichnet sind. Robert Clauß gedachte der ruhmreichen Geschichte des Schiffes, welches mehr als 50mal das brüllende Kap umsegelt hat, und der vielen Seeleute, die aus der harten *Passat*-Schule hervorgegangen sind. Anekdoten aus ihrer Fahrenszeit würzten das Reis- und Curry-Essen. Erst als zum Abschied die Barkasse noch einmal die *Passat* umrundete, wurden die alten Graubärte still. Sie nahmen Abschied von ihrer Jugend, und so mancher hatte feuchte Augen vom leichten Windzug, der durch den nächtlichen Hafen strich und leise im hohen Rigg der Viermastbark summte.

Nach mehrfachen Verzögerungen verließ die *Passat* am 5. Januar 1960 kurz nach 22.00 Uhr die Werft Blohm & Voß, um im Tau des Kieler Schleppers *Strande* zunächst elbabwärts bis Brunsbüttelkoog zu fahren. Zu den Verzögerungen war es gekommen, weil die See-Berufsgenossenschaft immer neue Auflagen für die Überführung nach Lübeck erteilt hatte. Kapitän Helmut Grubbe übergab bereits am 30. September 1959 die Führung des Schiffes an Robert Clauß, der vor dem letzten Krieg etliche Viermaster von Laeisz in grandioser Manier über den Atlantik und um Kap Hoorn gesegelt hatte. In seinen besten Jahren erkannte Clauß wie Ahab nur einen über sich an, den lieben Gott. Er hatte in seinem Bekanntenkreis gleich viel Bewunderer und Feinde, Gleichgültige waren nicht darunter. Entsprechend wurde seine Äußerung gewertet, daß er auch heute noch mit der *Passat* um Kap Hoorn segeln würde. Verständlich, daß er von einer Reise nach Lübeck nichts wissen wollte. Für ihn war es nur eine Überführung. Um die Hochbrücken im Nord-Ostsee-Kanal passieren zu können, waren die drei vollgetakelten Masten um die 16 Meter langen Stengen verkürzt worden. Sie lagen mit den Rahen an Deck. An Bord befanden sich bei der nächtlichen Abfahrt aus Hamburg außer Robert Clauß der Lübecker Hafenkapitän Seefisch, der das Schiff im Auftrag der Hansestadt Lübeck begleitete, und 18 Mann Besatzung, einschließlich der Offiziere.

Auf dem Vorderteil lag bei Luke 2 an Steuerbord das Wrack eines Rettungsbootes der *Pamir*, bestimmt für die Lübecker Seemannskirche St. Jakobi. Bis Brunsbüttel gab es keine Probleme, aber dann geriet der Schlepper trotz seiner 1500-PS-Maschine in Verlegenheit. Wind und Strömung packten die *Passat*. Das Einschleusen mußte abgebrochen werden. Ein

Mit dem zertrümmerten Rettungsboot der »Pamir« an Deck wird die »Passat« nach Travemünde geschleppt.

neuer Anlauf war notwendig, er gelang schließlich, aber nur mit Hilfe des eilig angeworfenen Hilfsmotors der *Passat*. Nach dem Durchschleusen wurde die Viermastbark zunächst an den Kanal-Dalben festgemacht. Der Starkwind machte einen Heckschlepper erforderlich, denn die stehengebliebene Takelage und der hoch aus dem Wasser ragende Schiffsrumpf boten dem Wind zu große Angriffsflächen.

Knatternd stand in der frischen Brise die lübsche Flagge im Besantopp des Windjammers, die bei Sonnenaufgang gehißt worden war. Die an Bord gekommenen Kanalsteurer hatten Schwerstarbeit zu leisten, mußten sie doch das Handruder bedienen. Mit Hellerwerden versammelten sich immer mehr Menschen am Kanal. Lehrer führten ganze Schulklassen an. Und jeder, der einen Fotoapparat mit hatte, knipste den Schleppzug. Wochenschauen und Fernsehen kurbelten an markanten Punkten die Kanal-Passage. Entgegenkommende Schiffe ließen ihre Typhone röhren und dippten ehrfurchtsvoll die Flagge. War es Zufall oder Fügung, daß eine Begegnung stattfand, wie sie sich nie wieder ereignen wird? Aus Richtung Kiel näherte sich das Segelschulschiff der Bundesmarine, die *Gorch Fock*. Sie war auf dem Wege zur Werft Blohm & Voß in Hamburg, in Dienst gestellt, als die *Pamir* im Orkan unterging. An Deck der *Gorch Fock* standen die Seekadetten in Paradeaufstellung und brachten auf Kommando ein dreifaches Hurra auf die Passat aus. Kapitän Robert Clauß antwortete lautstark. Die Schleppfahrt durch den 90 Kilometer langen Kanal hatte viel Zeit gekostet. Es war schon stockdunkel, als noch einmal Millimeterarbeit geleistet werden mußte, um die *Passat* heil in Holtenau in die Schleuse zu bugsieren. Eine Nacht und einen Tag lag das Schiff am Werftkai, um die Vorbereitungen für das Auftakeln der drei Stengen zu treffen.

Ankunft der »Passat« in Travemünde

Zahlreiche Zuschauer hatten sich am 8. Januar 1960 an der Nordmole eingefunden, um die Ankunft der Viermastbark *Passat* selbst mitzuerleben. Im Tau von zwei Schleppern passierte die Lübecker Neuerwerbung um 8.35 Uhr die Ansteuerungstonne A, und eine Stunde später kletterte Bürgermeister Max Wartemann auf einer behelfsmäßig installierten Gangway an Bord. An der Travemünder Hafeneinfahrt standen die Schiffsjungen vom Priwall und begrüßten lautstark den ehrwürdigen Flying-P-Liner mit einem donnernden hipp, hipp hurra! Kapitän Robert Clauß empfing den Bürgermeister und den Travemünde-Senator Dr. Wollbrandt sowie den Finanzsenator Schneider an Bord und geleitete sie in den Salon. Der Bürgermeister machte es kurz und herzlich, sagte, daß sich ganz Lübeck freue, weil dieses stolze Schiff nun für immer in der Hansestadt bleiben werde. Andererseits ging er aber auch auf das Seemannsgemüt von Robert Clauß ein, indem er hervorhob, wie schmerzlich es einen alten Fahrensmann berühren müsse, daß ein solches Schiff niemals mehr eine Reise unternehmen soll.

Robert Clauß bestätigte das, und sagte, daß es ihm sehr schwer falle, einzusehen, daß die Zeit der Windjammer abgelaufen sei. »Einmal wäre ich gerne noch mit ihr um Kap Hoorn gesegelt!«

Diesmal eine herbeigeführte Schlagseite, um den Wassergang der »Passat« zu pönen

Die »Passat« wird Schiffsjungenheim in Travemünde

Es gab in Hamburg eine Lobby, die sich für den Ankauf der *Passat* durch die Stadt stark machte, aber die Presse unterstützte diese Forderungen nur halbherzig, und so zerplatzten die Träume. Für Nostalgie hatten der Senat und die Bürgerschaft kein Geld. So fiel schließlich am 20. November 1959 die Entscheidung: Der letzte große deutsche Windjammer wird als Schiffsjungen-Wohnschiff verkauft, nachdem die Lübecker Bürgerschaft am Abend zuvor der entsprechenden Vorlage zugestimmt hatte. Das Parlament bewilligte 315 000 Mark für den Ankauf und weitere 25 000 Mark für die Überführung des Schiffes nach Travemünde. Außerdem mußten 300 000 Mark für den Ausbau des Liegeplatzes mit einer 80 Meter langen Brücke am Priwall investiert werden. Die Unterhaltungskosten der stillgelegten Viermastbark sollten von der Stadt Lübeck und dem Land Schleswig-Holstein gemeinsam getragen werden.

Die »Stiftung *Pamir* und *Passat*« hatte der Stadt Lübeck ein bis zum 20. November befristetes Vorkaufsrecht eingeräumt, obwohl ein Kuratorium aus Hollywood ein Kaufangebot gemacht hatte, das den von Lübeck geforderten Betrag um das Vierfache überstieg.

Der Umbau vom Frachtensegler zum Schiffsjungenheim führte die Travemünder Schiffswerft Alfred Hagelstein innerhalb von zwei Monaten für ca. 150 000 Mark aus. Rein äußerlich wurde nichts verändert, so daß der Charakter eines seegehenden Schiffes erhalten blieb. Im Inneren wurden a.a. eine E-Anlage und die sanitären Einrichtungen, alles mit Landanschluß, neu installiert.

Ferner wurde eine Fäkalex-Anlage eingebaut, die Feuerlöscheinrichtung auf Landanschluß umgestellt, die komplette Heizanlage überholt und sie erhielt Ölfeuerung. In Luke II, im oberen Zwischendeck, wurde ein heller Unterrichtsraum von rund 130 Quadratmetern geschaffen, die alte Lukenabdeckung durch lichtdurchlässige Kunststoffplatten ersetzt.

Die Kombüse wurde auf elektrischen Betrieb umgestellt. Sie erhielt zwei Herde und zwei große Kühlschränke von je 440 l Fassungsvermögen. Im achteren Zwischendeck wurden Wohnkammern für die angehenden Schiffsjungen eingebaut und zwar vier Drei- und zwei Viermannskammern. Bei der Einrichtung dieser Kammern gab sich die Werft besondere Mühe. Zu Ausbildungszwecken wurde an Deck ein 2-t-Ladebaum mit Winde aufgestellt. Obwohl die Segel größtenteils von Bord gegeben wurden, behielt man einige, an denen das Segelnähen praktisch erlernt werden sollte. Der Antriebsmotor des Seglers war schon früher an Land gegeben worden.

Die Ausbildung der angehenden Schiffsjungen ging so vor sich, daß sie die ersten zwei Monate an Land und den letzten Monat an Bord wohnten, um dort an Hand der Praxis für die Praxis zu lernen. Bis zu 48 Jungen konnten untergebracht werden. Das Schiff stand unter der Führung von Kapitän Henry Sandherr. Zur Stammcrew gehörten ein Schiffszimmermann und drei Matrosen.

Kiel hat kein Interesse mehr am Schiff

Im Oktober 1964 bezeichnete der Landesrechnungshof in Kiel in einer Denkschrift die *Passat* als unwirtschaftlich, und der Finanzausschuß teilte diese Ansicht. Deshalb beschloß das schleswig-holsteinische Kabinett: »Kein Geld mehr für die *Passat!*«

Den Vertrag mit der Hansestadt Lübeck über die Unterhaltung des Segelschulschiffes als Ausbildungsstätte für den seemännischen Nachwuchs hatte das Land Schleswig-Holstein bereits am 31. Dezember 1963 gekündigt. Mit dem Beschluß des Kieler Kabinetts war das Schicksal der *Passat* eigentlich erneut besiegelt. Der Schrottplatz winkte, wenn nicht in letzter Minute Mittel und Wege gefunden würden, um den traditionsreichen Windjammer zu erhalten.

Das »Hamburger Echo« schrieb am 5. Oktober 1964:
»Warum setzen sich die Verantwortlichen nicht einmal zusammen und überlegen, ob die *Passat* nicht als schwimmendes Seefahrtsmuseum erhalten werden kann? Warum sollte es uns nicht möglich sein, was den Norwegern vor 40 Jahren mit dem Polarschiff *Fram* gelungen ist?

Neben vielen Touristen besuchten so prominente Gäste wie die Königin von England, der Schah von Persien, das thailändische Königspaar, Ludwig Erhard und David Ben-Gurion das › *Fram*-Museum ‹.«

Verein »Rettet die Passat« funkt SOS

Um zu verhindern, daß die seit 20 Jahren im Priwall-Hafen in Travemünde vertäute Viermastbark langsam aber sicher ein funktionsloses Wrack wurde, hatte sich im Oktober 1979 der Verein »Rettet die *Passat*« konstituiert. Der Vorsitzende Ingo Petersen, CDU-Bürgerschaftsabgeordneter, wandte sich an alle Windjammer-Freunde um schnelle Hilfe. Er ging davon aus, daß die Rettung des Schiffes eine nationale Aufgabe ist. Die im Lübecker Haushalt verankerten Haushaltsmittel von 300 000 Mark jährlich reichten nicht aus, um den Verfall der *Passat* zu stoppen. In fast katastrophalem Zustand befand sich das gesamte stehende und laufende Gut des Schiffes. Erneuert werden müßte das Drahttauwerk, das die vier Masten hält. Um die dringendsten Aufgaben zu erledigen, waren rund 1,2 Millionen Mark notwendig. Um dieses Geld aufzubringen, wurden viele Aktionen durchgeführt. Eine kaum geahnte Spendenflut setzte ein. Zum Glück für das Schiff löste sich der Verein nicht auf, als die *Passat* vor dem Verfall gerettet worden war. Solche Helfer braucht das Schiff.

Nie war die »Passat« in einem besseren Zustand

Das jedenfalls behaupten alte Fahrensleute, wenn sie das Schiff heute sehen, ausgenommen, als der Viermaster von der Werft an die Reederei übergeben wurde. Der Verein »Rettet die *Passat*« und die Stadt Lübeck haben eine Million Mark für die Renovierung des Oldtimers aufgebracht. Wichtigster Punkt: Das schwimmende Wahrzeichen Travemündes soll endlich einen Museumsraum erhalten.

Viele Exponate sind bereits in den zurückliegenden Jahren gesammelt worden und erzählen vom Schicksal der *Passat* und der *Pamir*. Mitglieder der »*Pamir-Passat* Vereinigung« sind ständig bemüht, weitere Gegenstände aufzutreiben. Im Frühjahr 1989 konnte der in Luke I untergebrachte Museumsraum der Öffentlichkeit übergeben werden. Die Kosten für den Umbau betrugen 350 000 Mark. Der »*Passat*-Verein« und die »*Pamir-Passat* Vereinigung« haben sich vorgenommen, die alte Funkbude und die Schiffsapotheke originalgetreu herzurichten.

Während die Schlichting Werft das stehende Gut in Ordnung brachte, überholten Mitarbeiter der Baltika-Werft die Holzdecks. Die alte Kalfaterung wurde durch eine haltbare Silikonmasse ersetzt. Ingo Petersen zeigte sich mit der Renovierung zufrieden. Er geht davon aus, daß die Spenden für das Schiff weiterfließen werden. Insgesamt haben die Bürger bereits 1,1 Millionen Mark aufgebracht. Noch einmal so viel spendeten das Land, Firmen und die Possehl-Stiftung.

Windjammerdenkmal »Passat«. Die Geschichte des Schiffes liegt in seinem Kiel begraben.

Technische Daten der »Passat«

Bauwerft	Blohm & Voß (206)	Länge über alles	115 m
Bauort	Hamburg	Länge zwischen den Loten	96,01 m
Reederei	Ferdinand Laeisz	Breite auf Spanten	14,32 m
Baupreis	680 000 Goldmark	Seitenhöhe bis Oberdeck	8,53 m
Kiellegung	2. März 1911	Freibordtiefgang (1951)	7,06 m
Stapellauf	20. September 1911	Wasserballast (1951)	743 m^3
Ablieferung	25. November 1911	Motor (1951)	900 PS
Brutto-Register-Tonnen (BRT)		6 Zylinder Krupp-Diesel	
1911	3091	Segelfläche	4400 m^2
1927	3181	Stehendes Gut	4800 m
1951	3181	Laufendes Gut	11550 m 8−36 mm ⌀
Netto-Register-Tonnen (NRT)			(Stahldraht)
1911	2882	Laufendes Gut	6400 m 16−80 mm Umfang
1927	2870		(Hanf- + Manila-Tauwerk)
1951	2534	Ketten	200 m
Ladetonnen		Spannschrauben	258 Stück
1911	4600	Blöcke	700 Stück ein-, zwei-, und
1927	4600	mehrscheibig	
1951	4000		

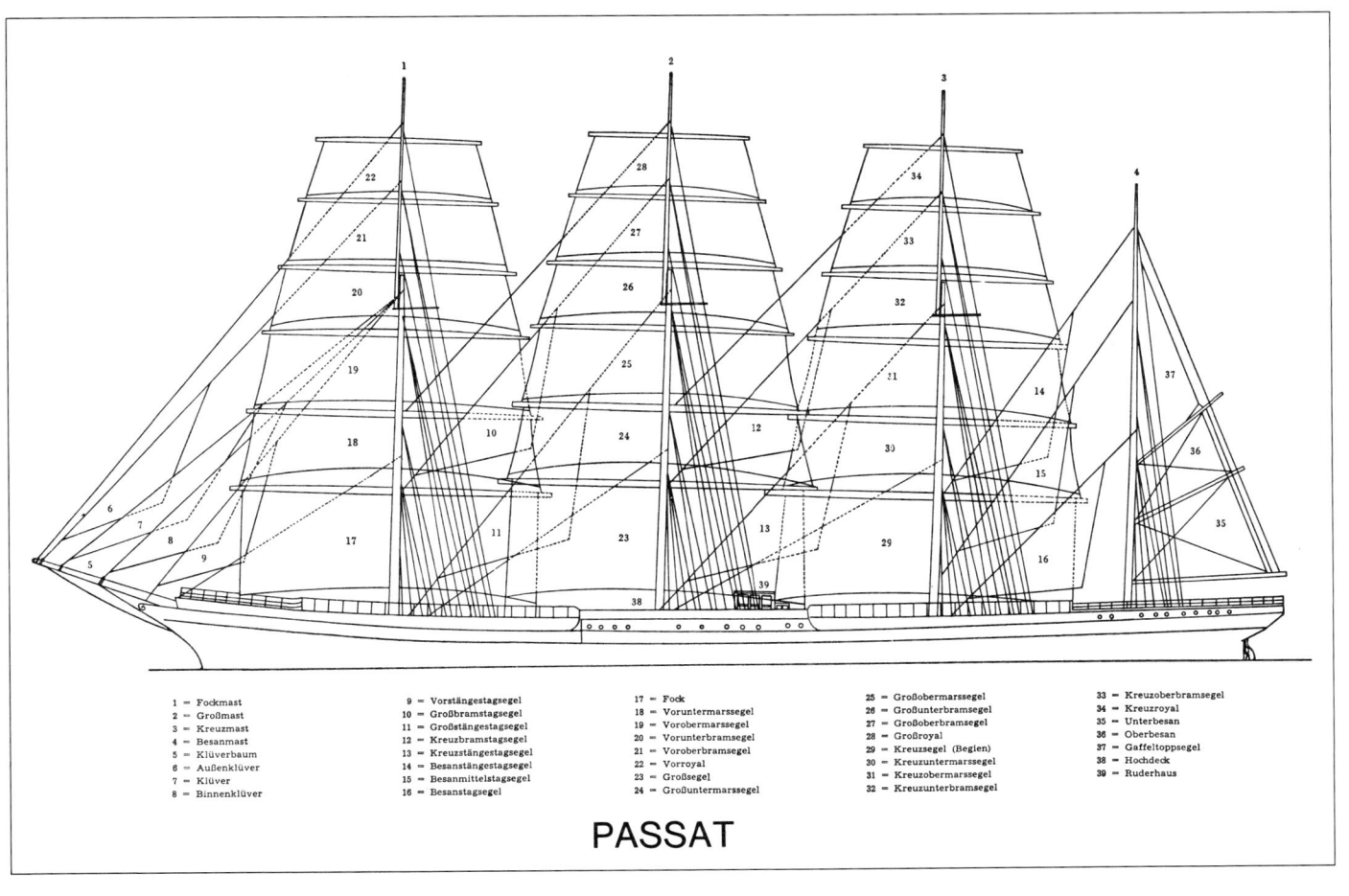

1 = Fockmast	9 = Vorstängestagsegel	17 = Fock	25 = Großobermarssegel	33 = Kreuzoberbramsegel
2 = Großmast	10 = Großbramstagsegel	18 = Voruntermarssegel	26 = Großunterbramsegel	34 = Kreuzroyal
3 = Kreuzmast	11 = Großstängestagsegel	19 = Vorobermarssegel	27 = Großoberbramsegel	35 = Unterbesan
4 = Besanmast	12 = Kreuzbramstagsegel	20 = Vorunterbramsegel	28 = Großroyal	36 = Oberbesan
5 = Klüverbaum	13 = Kreuzstängestagsegel	21 = Vorobebramsegel	29 = Kreuzsegel (Begien)	37 = Gaffeltoppsegel
6 = Außenklüver	14 = Besanstängestagsegel	22 = Vorroyal	30 = Kreuzuntermarssegel	38 = Hochdeck
7 = Klüver	15 = Besanmittelstagsegel	23 = Großsegel	31 = Kreuzobermarssegel	39 = Ruderhaus
8 = Binnenklüver	16 = Besanstagsegel	24 = Großuntermarssegel	32 = Kreuzunterbramsegel	

PASSAT

Quellenverzeichnis

FL — Die Geschichte einer Reederei. Hamburg: 1954

Furrer, Hans Jörg: Die Vier- und Fünfmast-Rahsegler der Welt. Herford: Koehler 1984

Gerdau, Kurt: Padua . . . ein ruhmreiches Schiff. Herford: Koehler 1978

Grobecker, Kurt: Passat. Das abenteuerliche Leben eines Windjammers. Lübeck: LN-Verlag 1982

Jebens, Hellmut: Passat im Novembersturm. Herford: Koehler 1969

Prager, Hans Georg: Ferdinand Laeisz. Herford: Koehler 1974

Villiers, Alan: Auf blauen Tiefen. München: 1967

Albatros. Mitteilungsblatt der Deutschen Cap Hoorniers, Jahrgänge 1955 — 1990

HANSA. Zeitschrift für Schiffahrt, Schiffbau, Häfen, Jahrgänge 1951 — 1956

Seekiste / Schiffahrt international. Herford: Koehler, Jahrgänge 1952 — 1970

Der deutsche Seemann, Jahrgang 1942

DIE WELT, Jahrgänge 1951 — 1960

Hamburger Abendblatt, Jahrgänge 1951 — 1990

Hamburger Echo, Jahrgänge 1951 — 1955

Das Bauschild der Werft Blohm & Voß am Kartenhaus.

Marinemalerei

Schiffahrt

Arnold Kludas   Ausgabe 1991

Otto J. Seiler

NORDAMERIKA-FAHRT

Linienschiffahrt der HAPAG-LLOYD AG im Wandel der Zeiten

82 Seiten, Format 21 x 29,7 cm, mit 70 S/W- und 35 Farbabbildungen, gebunden, mit Schutzumschlag, **DM 49,80**, Best.-Nr. 3344,

Dieses Buch schildert die faszinierende Geschichte des Kernfahrtgebietes der Hapag-Lloyd AG, Deutschlands größtem privaten Transport-Konzern, seit der Eröffnung des Nordatlantik-Dienstes am 15. Oktober 1848 durch den Dreimast-Segler »Deutschland« von Hamburg nach New York bis zur Gegenwart. Es ist zugleich die Geschichte einer der ungewöhnlichsten Reedereien, die durch ihre Pionierleistungen immer wieder entscheidende Anstöße für zukunftsweisende Entwicklungen gegeben hat und auch heute noch gibt.
Bereits damals erkannten Hamburger und Bremer Kaufleute frühzeitig die Chance, den wachsenden Strom von Auswanderern und den sprunghaft ansteigenden Güteraustausch durch leistungsfähige Schiffsverbindungen von der Rheinschiene über holländische, belgische und britische Häfen auf ihre Häfen und Schiffe nach Übersee umzulenken. Hier waren es vor allem die Hamburg–Amerika-Linie (Hapag) und der Norddeutsche Lloyd, die ab 1848 regelmäßig Liniendienste nach Nordamerika zur »Neuen Welt« eröffneten.

jetzt auch unter dem Titel

Bridge across the Atlantic

in Englisch lieferbar
DM 68,00, Best.-Nr. 3654

Das Buch ist reich illustriert und anspruchsvoll ausgestattet. Im Anhang finden sich übersichtliche aktuelle Statistiken und Querrisse von Schiffen und von Flugzeugtypen.

Außerdem liegen
von Otto J. Seiler vor:

Australienfahrt

Linienschiffahrt der HAPAG-LLOYD AG im Wandel der Zeiten

112 Seiten im Großformat 21 x 29,7 cm. Mit 91 schwarzweißen und 42 farbigen Fotos und Abbildungen, **DM 68,–**, Best.-Nr. 2704

Diese Darstellung der traditionellen Geschichte deutscher Australienfahrt berichtet über das Abenteuer der ersten Liniendienste und berücksichtigt auch das von dramatischen Wechselfällen geprägte Zeitgeschehen.

Ostasienfahrt

Linienschiffahrt der HAPAG-LLOYD AG im Wandel der Zeiten

145 Seiten im Großformat 21 x 29,7 cm. Mit 114 schwarzweißen und 51 farbigen Abbildungen, **DM 68,–**, Best.-Nr. 2714

Dieser Band legt Zeugnis ab vom deutschen Anteil an der pionierhaften Erschließung der Verkehrswege von Europa nach Ostasien und Südostasien seit der Entdeckung des östlichen Seeweges durch Vasco da Gama (1498) bis in die Gegenwart mit einem Ausblick in die Zukunft.

Die großen Passagierschiffe der Welt

3. ergänzte und völlig neu bearbeitete Auflage, 186 Seiten, Format 21 x 27 cm, mit über 326 aktuellen Abbildungen,
DM 58,00. Best.-Nr. 5081

Die neueste Ausgabe des seit 20 Jahren bewährten Nachschlagewerkes von Arnold Kludas bringt die Dokumentation der internationalen Passagierschiffe mit über 10 000 BRT/BRZ Größe auf den Stand des Jahres 1991. Alle Passagier-, Fähr- und Kreuzfahrtschiffe werden hier mit allen wichtigen technischen Daten und mit ihrem vollständigen Lebenslauf detailliert vorgestellt, wobei jedes Schiff mit einer möglichst aktuellen Abbildung illustriert wird.

Arnold Kludas

Die Seeschiffe, des Norddeutschen Lloyd 1857 bis 1919   Band 1

100 Seiten im Großformat 21 x 27 cm, mit 200 schwarz-weißen und 18 farbigen Abbildungen, mit Schiffsnamenregister, gebunden, **DM 58,00**, Best.-Nr. 5241

Der Band 2, der Herbst '92 erscheint, umfaßt den Zeitraum von 1920 bis 1970.

Die Chronik einer Reederei:

In Wort und Bild stellt Arnold Kludas in diesem ersten Band des auf zwei Bände ausgelegten Werkes die Schiffe der großen Bremer Reederei von der Gründung bis zum Ende des Ersten Weltkrieges vor. Das sind rund 300 Schiffe, deren Daten und Lebenswege der Verfasser mit der ihm eigenen Akribie in Wort und Bild dokumentiert.
Mit diesem Buch liegt zum ersten Male ein umfassendes illustriertes Datenzentrum über den Schiffspark des Norddeutschen Lloyd vor, dieser neben der Hamburg-Amerika Linie bedeutendsten deutschen und führenden internationalen Reederei. Es schließt zudem die Geschichte der bremischen Schiffahrt.

KOEHLER MITTLER

Postfach 2352
4900 Herford